图书馆服务创新与发展

刘江丽 著

哈尔滨出版社
HARBIN PUBLISHING HOUSE

图书在版编目（CIP）数据

图书馆服务创新与发展 / 刘江丽著. -- 哈尔滨：哈尔滨出版社，2024.1
　ISBN 978-7-5484-7338-1

　Ⅰ.①图… Ⅱ.①刘… Ⅲ.①图书馆服务－研究 Ⅳ.①G252

中国国家版本馆CIP数据核字（2023）第117604号

书　　名：图书馆服务创新与发展
TUSHUGUAN FUWU CHUANGXIN YU FAZHAN

| 作　　者：刘江丽　著 |
| 责任编辑：韩伟锋 |
| 封面设计：张　华 |

出版发行：哈尔滨出版社（Harbin Publishing House）
社　　址：哈尔滨市香坊区泰山路82-9号　邮编：150090
经　　销：全国新华书店
印　　刷：廊坊市广阳区九洲印刷厂
网　　址：www.hrbcbs.com
E‐mail：hrbcbs@yeah.net
编辑版权热线：（0451）87900271　87900272
开　　本：787mm×1092mm　1/16　印张：11　字数：240千字
版　　次：2024年1月第1版
印　　次：2024年1月第1次印刷
书　　号：ISBN 978-7-5484-7338-1
定　　价：76.00元

凡购本社图书发现印装错误，请与本社印制部联系调换。
服务热线：（0451）87900279

前　言

随着信息化技术的发展，高校图书馆的规模正在逐渐扩大，馆藏图书量也在逐渐增大，因此，图书馆在管理与服务方面面临着巨大的挑战。图书馆的服务意识需要逐步觉醒，从以让读者适应图书馆的现状慢慢转变为让图书馆以读者为核心，建立起一套完整的服务体系。除了关注读者阅读方面的内容，也要注意读者实际的需求所在，培养服务主动性，让读者时刻感受到工作人员热情的服务态度，提升读者的愉悦度和安全感。新时代，人们对自己的精神文化更加重视，而图书馆能够满足人们的精神文化需求，有助于提高我国国民的整体素质。因此，图书馆需要为广大读者提供优质的服务，以焕发图书馆的风采。

本书内容主要围绕图书馆的创新服务进行研究，首先概述了现代图书馆的发展、概念与社会职能以及类型划分，然后详细地分析了图书馆服务、图书馆服务体系、图书馆阅读服务理论以及网络环境下图书馆的读者服务管理和读者教育，之后又重点探讨了高校图书馆信息化服务创新、高校图书馆阅读推广与服务，最后在我国图书馆的未来发展方面做出展望。

在本书的创作过程中，我们参阅并引用了国内外学者的有关著作和论述，并从中受到了启迪，特向他们表示诚挚的敬意。由于我们知识与经验的局限性，书中难免会出现错误和疏漏之处，恳请广大读者提出宝贵意见和建议，以使我们的学术水平不断提升。

目 录

第一章 现代图书馆概述 ... 1
- 第一节 现代图书馆的发展 ... 1
- 第二节 现代图书馆的概念与社会职能 ... 6
- 第三节 现代图书馆的类型划分 ... 11

第二章 图书馆服务 ... 17
- 第一节 服务与服务理念 ... 17
- 第二节 图书馆与图书馆的服务 ... 21
- 第三节 图书馆服务的特点和内容 ... 34
- 第四节 图书馆服务的原则 ... 40
- 第五节 图书馆服务的发展趋势 ... 45

第三章 图书馆服务体系 ... 48
- 第一节 图书馆的信息资源体系 ... 48
- 第二节 图书馆的信息服务体系 ... 52
- 第三节 图书馆的管理服务体系 ... 61

第四章 图书馆阅读服务理论 ... 72
- 第一节 图书馆阅读服务概念及其特征 ... 72
- 第二节 图书馆阅读服务发展演进 ... 75
- 第三节 图书馆阅读服务优化策略分析 ... 81

第五章 网络环境下图书馆的读者服务管理和读者教育 ... 93
- 第一节 网络给图书馆带来的变革 ... 93
- 第二节 图书馆读者服务模式的演变与发展 ... 97
- 第三节 现代图书馆的服务对象及其需求 ... 103

第四节　网络环境下图书馆读者服务工作的转变 ················ 107
　　第五节　新形势下的现代图书馆用户教育 ······················ 109

第六章　高校图书馆信息化服务创新 ······························ 115
　　第一节　高校图书馆服务体系分析 ···························· 115
　　第二节　高校图书馆创新服务的提出 ·························· 128

第七章　高校图书馆阅读推广与服务 ······························ 130
　　第一节　高校图书馆阅读推广活动 ···························· 130
　　第二节　基于不同视角的高校图书馆阅读推广活动 ·············· 138
　　第三节　高校图书馆阅读推广与服务机制的发展思考 ············ 146

第八章　我国图书馆的未来发展 ·································· 152
　　第一节　大数据时代高校图书馆信息服务面临的问题 ············ 152
　　第二节　大数据时代提升高校图书馆信息服务应对策略 ·········· 154
　　第三节　图书馆信息安全管理体系的未来展望 ·················· 159

参考文献 ·· 168

第一章　现代图书馆概述

第一节　现代图书馆的发展

一、现代图书馆概述

第二次世界大战以后，随着科学技术的迅速发展，图书馆进入了一个新的发展阶段——现代观念的图书馆，这是图书馆性质和职能的又一次重大变革。

在新的时代，由于知识呈现爆炸性增长，大大冲击了作为人类社会知识交流中心的图书馆。第一，知识总量空前增加。据统计，近二十年来，科学技术的发明总数已超过以往两千年的总和，而且还在以惊人的速率递增着。第二，随着知识的快速增长，出版物急剧增加。第三，学科内容相互交叉渗透，同一学科的文献高度分散。第四，知识的"新陈代谢"加快，各类资料形态的知识的寿命大大缩短，如图书保存期限10—20年，而期刊却仅有3—5年。第五，知识的社会价值空前提高。知识已成为一种国家资源，在经济发展、科技进步以及国际竞争中起着关键性作用。所有这一切都向传统图书馆提出了严峻的挑战——如何有效地汇集人类创造的知识信息，怎样及时加工并整理数量庞大的图书文献，以便快、精、准地向社会传输知识信息，已成为图书馆在其发展道路上面临的重大课题，给图书馆的生存和发展带来了严峻的挑战。

为了迎接这种挑战，图书馆必须从观念到技术手段进行一场全新、全面的变革。促成这一变革的直接动力是现代科学技术在图书馆的广泛应用。电子计算机技术、现代通信技术以及互联网技术应用于图书馆，改变了知识存储的形式、获取知识的手段及其传播的方式，为图书馆的自动化和便捷化提供了物质和技术条件。现代技术改变了图书馆的形象，图书馆由近代进入了现代的发展阶段。

基于上述变化，图书馆观念已由过去传统的"知识宝库"转换成"知识喷泉"。除了保存文化典籍、普及科学文化知识、继续强化社会教育，现代图书馆还具有传递情报、信息以及为科学研究服务的职能。人们称现代图书馆是科学交流的重要渠道，是学术性的服务机构。

纵观图书馆发展的过程，我们可以得出这样的结论：①图书馆作为一种社会文化现象，它随着文字记录的出现而产生，又随着人类社会实践活动的发展而不断变革和发展。②图书馆的产生大大促进了社会交流。图书馆以其搜集和保存的功能聚集了自古迄今人类创造的精神文化产品，以其传播和提供服务的功能使社会知识扩散到社会的各个阶层，顺利传递给广大人民群众，成为社会知识的"收发地"，是人类知识继承和发扬的有效工具。③图书馆的发展受制于社会：社会政治和经济制度确定了图书馆的性质和服务方向；社会的生产力水平、教育的普及程度和科学技术的发展进步，决定了图书馆的发展速度、规范和方向。④"图书馆是个不断生长的有机体"，在生产实践和科学技术发展的驱动下，其本身的活动内容和社会职能具有动态变化的特性，从最初的以收集和存储文献为主的形态逐渐向以充分利用文献为主的形态演变。正是这种"自身调节"的适应性，才使得图书馆各方面在不断发展和壮大。

随着互联网的快速发展，人类社会的信息交流渠道也在不断增加，图书馆作为社会信息交流中心的地位被大大削弱。但是人类社会与文明的进一步发展，是建立在继承人类既有的科学技术、文化、经济等成果的基础之上，没有继承，就谈不上发展，而图书馆正是人类文明在时间和空间中得到传承的不可或缺的中介性机构。在知识经济时代，知识、信息成为社会发展最重要的资源，知识管理、信息资源管理具有重要的意义，作为社会信息资源管理机制最重要的组成部分之一的图书馆将继续发挥其不可替代的作用。因而，图书馆将在信息社会中长期存在并持续为社会信息资源管理做出巨大贡献。

二、现代图书馆的发展

（一）现代图书馆的发展现状

现代技术在图书馆的应用有一个从低级向高级的发展过程。高新技术还在不断发展，这些现代技术是以计算机技术为核心的有机结合，将使电子图书馆成为现实。

第二次世界大战以后，发生了以自动化为主要特征的第三次工业革命。20世纪70年代中期以来，又开始了第四次工业革命，其主要特征是信息化并开始向智能化发展。这两次技术革命都和信息处理有着密切关系，促进了信息时代的到来。作为信息行业的重要组成部分的图书馆，由于文献数量的急剧增长和读者要求的日益提高，传统的工作方式已很难适应现在工作的需要，因而很自然地引进并应用了有关的新技术。被应用于图书馆的现代技术主要是电子计算机技术、通信技术、存储技术、文献复制技术、文献保护技术、监测技术、自动化传送技术等。

中国图书馆应用计算机是从1976年开始的。自20世纪80年代初中国图书馆界提出要从传统图书馆向现代化图书馆过渡以来，微型计算机得到了迅速发展以及汉字信息处理也取得突破性进展，推动着图书馆现代技术的应用取得了较快发展。目前，声像技术已被普遍应用，计算机技术经过了准备和试验阶段，正在向实用化发展，而图书馆自动化集成系统等新技术也正在引进发展中。

中国图书馆事业以其不平凡的经历创造了一系列的辉煌。经国家公布的相关资料统计，我国图书馆事业的迅速发展情况如下。

（1）公共图书馆。伴随我国经济实力增强和科学技术发展，以及提出构建和谐社会、学习型社会等多方面要求，公共图书馆的发展日益受到重视。2017年我国公共图书馆行业机构数3166个，较2016年有了明显增长，标志着我国公共图书馆事业取得了长足进步。

（2）高等院校图书馆。少年是一个国家的未来，而高等院校图书馆就是浇灌这些国家未来的甘露。1949年，全国高校图书馆只有132所，1980年为675所。改革开放40多年，高校图书馆的总数早已超过千家。上述数字还未包括各类成人高校图书馆、中专图书馆、技校图书馆、各级党校图书馆和军事院校图书馆。这些院校图书馆也都有着长足的进步与发展。

（3）基层图书馆。基层图书馆是指乡镇图书馆、城市街道图书馆、社区图书馆、工会图书馆、少儿图书馆和中小学图书馆，它们直接面向基层为广大民众服务。这几年，基层图书馆已呈蓬勃发展之势。自"万村书库"工程后，村图书馆越来越多，它们为农村乡民阅读提供了极大的便利。随着城市住宅小区的建设，社区图书馆也在逐渐兴起和发展之中。

（4）科学和专业图书馆。科学和专业图书馆主要是指中国科学院、中国社会科学院系统的图书馆，中央国家机关、各部委研究院（所）所属的图书馆，国家一级总公司下属研究院（所）所属的专业图书馆或情报所。这类图书馆在1979年大约有4000所，现在总数已经成倍增长。

改革开放使我国图书馆事业向前推进了一大步，目前已有相当大的规模。这几年，图书馆基本建设的步伐很快，新建或扩建馆舍如火如荼、方兴未艾，新建馆舍使图书馆工作条件和对外服务条件有了明显改善。有些图书馆现已成为国家或某城市的标志性文化设施。图书馆硬件设施的改善，大大增强了图书馆综合服务能力，优化了图书馆公众形象，使图书馆成为教育、文化和信息事业的一支活跃力量，而且也为图书馆在21世纪的可持续发展打下了坚实的基础。我们要把握好发展机会，使我国图书馆能在21世纪获得更为稳步、健康的发展。

（二）现代化手段在图书馆发展中的应用

现代化的图书馆主要通过现代化科技手段对图书馆进行完善，现代化手段在图书馆上的应用主要体现在以下方面。

1. 计算机技术的应用

计算机技术被认为是当代信息技术的"心脏",在图书馆现代技术中处于主导和核心地位。目前图书馆业务工作中的文献采购、编目、流通、标引、检索、连续出版物管理、索引编制、参考咨询和图书馆内部管理等都不同程度地使用了计算机,并通过计算机实现联合编目、馆际互借等,出现了多种图书馆自动化系统,使图书馆工作不同程度地摆脱了手工操作方式,把图书馆工作人员从繁琐、枯燥的劳动中解放出来,大大提高了工作效率和工作质量;还使得图书馆有可能开发新的、灵活多样的服务项目,如联合编目;计算机技术所提供的快速、详尽和准确的多种统计数字,能迅速、及时地为图书馆领导决策提供坚实的基础。不仅如此,计算机对于其他现代化设备还起着控制、联结和转换的作用,使图书馆的各种现代化设备结合成一个有机的整体,以充分发挥它们各自的优越性。

2. 通信技术的应用

这里的通信技术指的是基于网络化、电子化的现代通信技术。传统通信技术的主要功能是沟通信息,现代通信技术系统以计算机为核心,再加之其他高新技术如光纤通信、卫星通信等,因而除沟通信息,还具有分配信息、管理信息和信息咨询等功能,工作效率和工作质量都大大提高。

自现代通信技术应用于图书馆后,它把一个图书馆的各个部门和它们的计算机联结成一个整体,也把各个图书馆联结成图书馆自动化网络。而各种形式的信息如声音、文字、图像等都可以利用现代通信技术进行准确、高速的传送。在这种情况下,馆际互借可以迅速进行,而且这种互借是可以脱离文献载体的。

3. 我国图书馆的相关技术应用

不同的时代,图书馆承载着不同的功能。现代化社会,对于现代图书馆有了不同的要求,传统的图书馆模式已经完全不能满足人们现在生活的需要。自20世纪80年代开始,随着科学技术的发展,我国图书馆也开始了自身现代化的进程。

各种现代技术,如缩微技术、声像技术、计算机技术、网络技术、光盘技术、多媒体技术、数字化技术等在图书馆得到了广泛的推广应用,从而促使我国图书馆面貌发生深刻的根本性变化。

(1)缩微技术的应用。早在20世纪70年代,我国就有图书馆开始应用缩微技术。1985年,原文化部成立了全国图书馆文献缩微复制中心,并在全国14个省、市图书馆先后设立了缩微点,缩微中心还为各地缩微点装备了成套缩微设备,帮助培训人员,对古籍善本、老旧报纸期刊等珍贵资料有计划地开展了拍摄工作,拍成的缩微品经中心检验,合格品的母片将由中心保存。

(2)声像技术的应用。声像技术在20世纪80年代后期,在我国图书馆中也普遍得到应用,一般大中型图书馆都普遍购置了视听设备和视听资料,开设了视听阅览室、多媒体光盘阅览室。

（3）计算机技术的应用。计算机的应用发端于20世纪70年代中期，中国科学院图书馆、中国科技情报所、北京图书馆分别成立了计算机开发和应用专门机构。在此之后，北京高校图书馆、深圳图书馆等也相继建成类似机构，从事计算机管理、文献检索、图书馆办公自动化等方面的研制、引进、推广等工作。

（4）网络技术的应用。图书馆管理网络技术的应用，目前在我国的图书馆里非常普遍。经过多年的发展，我国图书馆已经由管理自动化逐步进入网络发展阶段，先是局域网，如中关村地区图书馆信息网、军队院校图书馆网络系统、医学系统的文献信息网、中国教育科研计算机网络等。这些网络系统的建成为图书馆网上互访创造了条件，现已发展到与国内、国际主要信息网络互联，实现图书馆在网络环境下的管理与服务。

（5）光盘技术的应用。光盘技术的应用对图书馆的数据存储具有划时代的意义。我国一些大中型图书馆，多年前就一边从国外引进CD—ROM数据库，一边着手自建数据库或购买国内数据库。

（6）多媒体技术的应用。多媒体技术的应用使得现代化的图书馆又上了一个新的台阶，是未来图书馆的发展方向。多媒体技术在图书馆的应用，就是提供多样化媒体的图书馆，相较于传统图书馆主要提供平面印刷媒体，多媒体图书馆所提供的媒体形式包含印刷媒体、视听媒体、电子媒体、连线数位媒体等。多媒体图书馆算是图书馆的一种，现今的图书馆已走向提供多媒体资讯的趋势，这已是不可避免的图书馆的发展走向。

图书馆事业在我国的发展获得了长足稳定的进步。而随着基于互联网的相关现代化技术在现代图书馆的建设中不断得到广泛应用，现代图书馆的发展也获得历史性突破。现代图书馆已经不再是传统的，为人们简单地提供阅读服务的场所，而是通过现代化技术，让客户体验在现代图书馆阅读的乐趣，而不仅仅是枯燥地查找资料、凌乱不堪地记录相关知识等。现代化的存储技术，让图书馆的信息查询变得相当简单，而信息查询只是一个初级功能，如何让人们在阅读过程中享受到最好的服务，才是现代化图书馆发展的一个明确方向。

第二节 现代图书馆的概念与社会职能

一、现代图书馆的概念

现代图书馆是收藏文献资料的地方，其收藏的文献资料是供人们使用的；图书馆是一个文化机构，通过对文献资料的收集、整理、存储和开发，为社会的政治、经济和文化教育提供服务。我们可以这样定义图书馆：图书馆是以文献信息为活动对象，将之收集、整理、加工后提供给有需求的人的社会机构。

二、现代图书馆的社会职能

职能是指人、事物、机构所应有的作用。从人的职能角度讲，是指一定职位的人完成其职务的能力；从事物的职能看，一般等同于事物的功能；机构的职能一般包括机构的职权、作用等内容。根据这一定义，图书馆的社会职能也就是图书馆在社会生活中承担的责任和所起到的积极作用。一般来说，图书馆的社会职能主要包括以下几方面。

（一）保存文化遗产职能

人类社会在自身发展的过程中，为了适应交流的需要，创造了文字，并将其记载在一定的载体上，形成了文献信息资源。为了方便以后生活中继续利用这些文献，古人将这些文献有目的地进行收集和保存，就这样图书馆诞生了。图书馆最主要和最古老的一项职能就是采集、整理、管理，这记载了从古至今人类历史的发展的珍贵的文献信息资源。

随着人类社会的发展，文献资源的存储量大大增加，而纸版文献对场地和环境的要求给图书馆带来极大的负担。这时，科学技术的发展将磁、光技术带入图书馆管理中，使图书馆的文献信息资源可以无限扩张，用户运用得也更加方便、快捷。

图书馆在采集文献资源时，要真正做到重点采集，适量兼顾，藏书丰富，全面提高。对于已经采集的图书，图书馆也要做好藏书管理。具体来看，对于新采集的图书，图书馆要做好图书的编目、标引，然后把经过整理加工的图书移交给典藏部门。典藏部门则根据本馆书库、各阅览室及其他部门的需要，对文献进行合理分配、组织及妥善保管。这就是图书的组织管理工作，包括藏书的划分、藏书的排列、藏书的保护、藏书的清点等工作内容。此外，图书馆还要做好图书流通过程中的各项管理。

在采集与管理图书之外，图书馆还需要做好藏书建设。比如，部属重点院校图书馆对与本校专业设置有关的国外图书资料应尽量收全，相关学科和边缘学科的书刊则根据经费情况量力收藏。只有这样，才能保证图书馆藏书可以反映当今世界的科学发展水平。

（二）智力资源开发职能

智力资源是指在人类文明发展历程中所创造、积累的物化成果，精神财富和未被发现、认识的潜在信息。图书馆工作中涉及的智力资源内容包括馆藏文献信息资源和网上相关文献信息资源。传统智力资源开发是指对馆内文献资源进行二次、三次甚至多次加工，使之更适应用户的需求。随着科学技术的发展，图书馆在原有馆藏文献资源的基础上，依靠计算机网络，使图书馆文献资源实现了开发、内容范围的扩大。

与此同时，专业数据库和信息库的建立和使用让用户能够更加便利地寻找到自己所需要的信息。此外，图书馆的服务对象也扩展了，受网络服务的影响，远方的用户现在可以在异地获得大部分与本地用户同样的服务。

（三）教育职能

图书馆素有"知识的宝库""没有围墙的大学"的别称。这主要是因为图书馆拥有数量众多的文献信息资源，这些文献信息资源作为人类文化科学技术思想的结晶，为用户提供了用以学习的雄厚物质基础。此外，图书馆为用户提供了学习的场地和设备，受教育者可以长期地、自由地利用图书馆进行学习。对于没有充裕时间到图书馆学习的人来讲，数字图书馆的远程教育功能便很好地解决了这一问题。目前，图书馆的教育方式是以自学为主，这正符合了以"终身教育"为核心的现代教育思想。总之，图书馆应充分利用馆藏书刊资料优势，对用户进行以下几个方面的教育。

1. 思想政治教育

图书馆是知识的殿堂，是文明传播的场所。当用户跨入图书馆的大门时，便会被一种庄严、肃穆、恬静、催人向上的气氛所感染，在利用图书馆的同时，潜移默化地接受了道德和行为规范的教育。图书馆是建设社会主义精神文明的窗口，它以丰富多彩的形式向用户宣传、推荐优秀书刊，开展导读、书评、报告会等活动，倡导健康向上的精神追求。

2. 专业知识教育

图书馆提供了系统而丰富的专业参考书。用户要完成各阶段的学习任务，单凭课堂教学是不行的，而必须以教师所讲授的知识为纲要，在课外阅读大量的参考书，以刻苦自学来补充和深化课堂教学。图书馆通过编制教学参考书目录、开辟教学参考阅览室和借书处，把听课和阅读、课堂和阅览室、教师和图书馆馆员紧紧地联系在一起。

3. 拓宽用户知识面的综合教育

当代用户不仅需要有精深的专业知识，而且需要有广博的相关专业知识和社会科学知识。图书馆的文献包罗万象，是取之不尽、用之不竭的精神财富，用户在图书馆可以涉猎多方面的书刊资料，吸取除本专业以外的科学文化知识，借以扩大视野、启迪思维、培养能力。图书馆通过提供各类书刊、举办报告会、开展读书活动，达到对用户进行综合教育的作用。

4. 获取文献信息技能的教育

今后，国际经济技术竞争的焦点将集中在一个国家对信息资源的占有能力、报道能力、提供能力以及利用能力上。用户应把获取信息、分析信息和处理信息的技能当成基本素能来培养，不断提高自学能力、独立研究问题的能力和创新能力。要实现这一点，需要图书馆对用户进行文献检索与利用的教育。

5. 文化素质教育

文化素质是个体素质的基础，用户的文化素质情况如何，将会直接影响其他方面的素质。一方面，良好的文化素质有助于用户不断提高自己的思想道德素质，提升爱国爱党的政治素质；另一方面，具有了良好的文化素质，用户才会在自己的职业素质上有更好的发展。图书馆在文化知识教育上具有自身独特的优势，因此它也是对用户进行文化素质教育的基础。有鉴于此，图书馆要结合现代社会的发展态势以及用户的素质发展需求，引导用户有目的、有效率地进行自身文化素质的发展。

6. 社会教育

在"终身学习理念"的影响下，越来越多的人在离开校园后仍然进行着自学，这时图书馆的教育优势就充分发挥出来了，其成为自学者的首选场所。而通过利用计算机上的互联网络服务，图书馆的教育范围在时间和空间上得到极大延伸，学习的分散性和灵活性也得到增加，更主要的是图书馆丰富的文献信息资源和可以方便获取的服务方式，大大提高了用户自学的主动性和积极性。

（四）信息传递职能

传递文献信息是图书馆又一项基本社会职能，图书馆传递文献信息的职能主要是通过以下两个方面实现的。

1. 图书馆对馆藏文献信息的传递

图书馆馆藏文献主要是以图书馆目录和书目数据库的形式存在的，换言之，图书馆目录和书目数据库就是图书馆馆藏信息的集合体。用户对这些馆藏信息的利用，首先是通过搜索图书馆目录和书目数据库实现的，在获取相关文献信息之后，用户才能通过对相关文献和资料的借阅实现对信息的利用。图书馆传递文献的内容信息，是在传递馆藏文献信息之后。

2. 图书馆对文献内容信息的传递

传递文献信息，实质上就是传递文献的内容信息。这是图书馆存在的根本意义，也是用户到图书馆获取文献的最终目的。

（五）情报职能

图书馆不仅要做好提供书刊资料的工作，还要积极开展信息情报服务和参考咨询工作，发挥图书馆的情报职能。作为情报学中的一个基本概念，情报是指运用一定的载体，通过一定的时空方式传递给特定用户，用以解决其在生产、科研等领域的具体问题的相关专业信息和知识。一般来说，图书馆的情报功能主要体现在以下几方面。

1. 编制各种专题书目索引和科技信息动态

图书馆蕴藏着丰富的信息资源，又有很多经过专门训练的信息情报人员，其通过采取定期或不定期编制各专题文摘、索引、目录以及编辑反映最新学术动态的刊物、宣传栏，及时、准确地把信息传递给用户。

2. 开展课题检索、定题服务和科技查新

图书馆义不容辞地担负着科研课题的立项论证、开题检索，进展中的信息追踪，结题鉴定中对科研成果新颖性和创造性的论证，申报专利前的检索等工作。

3. 传递科学技术情报

当今社会文献信息资源具有生产数量大、增长速度快，社会文献的类型复杂、形式多样和时效性强等特点，这使传统的文献信息资源收藏思想——"自我中心论"，即强求"你有的我有，你没有的我也要有"的"大而全"思想已不再适用。馆际交流、合作、资源共享正随着网络技术的蓬勃发展而逐渐兴盛起来，成为今后图书馆发展的新方向。

目前，图书馆正以前所未有的传递科学情报的深广范围和快捷速度的形象出现在世人面前。

第一，传递的内容由基本信息转向以原文查阅和传递为主。

第二，馆际互动的方式由过去封闭、繁琐、简单的互借服务向开放式、网络化、深层服务转化。

第三，定题服务、科技查新、学科馆员等创新型服务使图书馆科技情报传递的方式由被动向主动转变。

4. 辅导用户查阅文献资料

在当今的信息社会里，文献浩如烟海，知识不断更新，强化用户的情报意识和信息意识，让用户较快掌握获取信息的技术尤为重要。图书馆在日常的解答咨询、指导用户检索所需资料的过程中，能够培养用户获取信息的能力和独立研究问题的能力。

5. 进行情报调研

随着市场经济的不断完善和发展，我国现代企业均面临着严峻的发展形势，需要与同类、不同类，同领域、不同领域的企业展开竞争。在激烈的竞争环境中，企业要想找到一条健康、有序、合理的竞争渠道，除了要不断提高本企业产品的竞争优势，还需要注重获取其他企业的竞争情报的方式。用户在获取大量信息的基础上进行信息分析，开展专题调研、市场调研、产品调研、生产厂家调研，撰写综述性文章或调研报告，能够为领导、科技人员和企业决策提供参谋作用。

一般来说，图书馆可以为企业提供相应的竞争情报，具体如下：

第一，图书馆可以为企业提供丰富的信息情报。图书馆具有十分丰富的文献资源信息，包括各类图书、报刊，相关专业会议以及庞杂的网络信息资源库，这是其他信息机构都无法比拟的。

第二，图书馆可以为企业提供前沿的信息情报。现代大学中集中了大量相关领域的专业学者，他们在从事高等教育的同时，也在孜孜不倦地进行着本专业的学术研究，而且大都有喜人的成果。这些成果如果应用到生产与实践中，可能会促进相关产业的进步与发展，甚至可能会导致新的产业的出现。而图书馆作为大学的信息集散中心，对科研成果的收集必然十分重视，这就为现代企业提供了重要的信息情报。若企业能及时吸收大学的相关科研成果，并通过合理的方式将其应用到生产实践中，必然会比同类企业先一步把握商机。

第三，图书馆可以为企业提供可靠的信息情报。在现代社会中，信息交流已然十分普遍，任何人通过网络都可以获取大量相关信息，但这些信息是杂乱无序的，信息的真假也难以被辨别，这就对企业参考相应信息设置了障碍。图书馆具有专业的图书馆人才，他们有精湛的专业技术和先进的设备资源，能更为准确地收集信息资源，形成庞大的网络资源数据库、国家标准数据库和自建数据库，这些都为图书馆向企业提供可靠的竞争情报奠定了基础。

（六）丰富人类文化生活的职能

健康的文化娱乐是人类社会生活中不可缺少的组成部分。图书馆是社会文化生活的中心之一，所以，图书馆在丰富人类文化生活中具有重要的地位和作用。人们不仅可以去图书馆借阅自己喜爱的图书、报纸、画刊，还可以享受图书馆特有的文化氛围。图书馆也应有的放矢地开展更多的文化娱乐活动，如向公众提供学术会议、大型展示会、报告会、研究会，甚至音乐会、电影、文艺演出、文化旅游等服务，丰富图书馆的服务项目、拓展图书馆的服务功能。

第三节 现代图书馆的类型划分

伴随着社会分工日益向专门化方向发展，图书馆也出现了各种不同的类型，从而满足了不同人群对信息不同的需求。本节主要对现代图书馆的类型进行阐述。

一、现代图书馆分类的意义

（一）有助于科学确定图书馆的工作目标

正确划分图书馆的类型，对于图书馆工作目标的确定有着重要的意义，即有助于具体的图书馆明确自己在整个图书馆系统或社会信息系统中的地位和分工。对于一个特定的图书馆而言，首先应该树立一个长远的目标，然后针对这一目标采取一系列的措施。图书馆是服务于用户和用户群体的，图书馆的基本宗旨就是要满足他们的信息需求。由此可见，明确服务对象及其需求，对于图书馆的发展来说非常重要。一般来说，图书馆的服务目标群体、服务内容以及服务水平就是其工作目标。

（二）有助于图书馆之间的协作

在信息时代，图书馆的类型划分应该着眼于对整个图书馆系统的整体规划和指导，使之形成一个分工明确、互为补充、突出重点、优势互补的图书馆系统，促进不同类型图书馆之间的分工协作，使它们各司其职，为用户提供专业化的、高质量的服务，从而涵盖和满足社会各个方面的信息需求。

（三）有助于实现图书馆系统的高效性

工业革命带来了社会分工和专业化，这不仅促进了科学技术的进步，提高了管理效率，也进一步提高了劳动生产者的生产熟练程度，节约了各种人力和物力资源。作为整个图书馆系统的一种分工，图书馆类型的划分提高了图书馆工作的专业度，有利于图书馆资源的合理配置，提高图书馆的服务能力和水平。

社会上的用户千千万万，他们有着不尽相同的信息需求，单个图书馆自身很难满足用户和用户群体的所有信息需求。为了针对不同需求的用户和用户群体去发展图书馆的文献信息资源，必须有针对性地划分图书馆的类型。

（四）有助于突出图书馆的服务重点

对图书馆进行分类，有助于突出图书馆的服务重点。对图书馆进行分类，就是要明确不同类型图书馆的不同特点和它们的发展规律，明确这些图书馆在社会信息系统中的位置，进而为其资源配置、目标规划和服务方向提供相应的理论依据，以充分发挥各类型图书馆的作用。

二、现代图书馆分类的依据

现代图书馆的分类依据主要有以下几个：

（一）现代图书馆的资金来源

每个图书馆的创建和发展都离不开资金的支持，并且图书馆在经济上存在着一定的依附性。这是因为图书馆作为一种社会组织，具有公益性，其自身创造的经济效益并不能满足自身的需求。不同资金来源就成为划分图书馆的依据。例如，个人图书馆的资金主要来源于个人出资，公立图书馆的资金主要来源于政府，民办图书馆的资金主要来自民间捐赠。

（二）现代图书馆的管理体制

谁控制着整个图书馆，以及谁确定图书馆的资金投入、服务对象和日常监督，关系到图书馆的管理体制问题。不同的管理者构成的管理体制，也是图书馆类型划分的依据。例如，有些图书馆归研究所领导，高校图书馆由其所在学校进行管理，公立图书馆由政府进行管理。

（三）现代图书馆的服务对象

图书馆服务的对象是用户和用户群体，他们是实际利用图书馆的人。图书馆存在的意义就是为用户服务，满足用户的信息需求，并根据特定用户群的信息需求来发展自己的信息资源体系。在这个目标的运转过程中，图书馆形成了自己的文献资源特色，进而区分出不同的服务方向，形成了不同类型的图书馆。

（四）现代图书馆的文献信息资源体系

图书馆在发展过程中会逐渐形成有自己特色的文献信息资源体系，这些文献信息资源体系具有一定针对性，有些是针对不同的专业领域，有些是针对不同的用户，有些是针对不同的文献载体，有些是针对不同的语言或民族。在此影响下，就有了自然科学图书馆、数字图书馆、复合型图书馆、民族图书馆等。

三、国际上现代图书馆的类型划分

在国际上，各国对现代图书馆类型的划分标准很不一致，这就不可避免地给图书馆界的交流带来了很大的困难，因而划分图书馆类型的标准很有必要统一。在联合国教科文组织的支持下，1974年，国际标准化组织颁布了"ISO 2789-1974（E）国际图书馆统计标准"，把图书馆区分为以下几种类型：

（一）国家图书馆

国家图书馆是负责所在国家获取和保存所有相关文献复本的图书馆，是承担法定呈缴本功能的图书馆。目前，世界上大多数国家都建有自己的国家图书馆，有的不止一所。我国的国家图书馆位于北京，由一个主馆和一个分馆组成，是亚洲最大的图书馆。其主要承担如下职能：

第一，收藏并及时更新大量的、具有代表性的国外文献，从而建立一个拥有丰富外文馆藏的国家图书馆。

第二，组织全国性的学术研究工作，为图书馆学的研究提供最新的信息资料，推动我国图书馆学研究的不断深入。

第三，参加国际图书馆组织，与国际图书馆界进行合作与交流。

第四，参与我国其他图书馆的管理，促进合作，引领图书馆管理的标准化、规范化、数字化建设。

第五，作为国家书目信息中心，编制国家书目和联合目录。

（二）高等教育机构图书馆

高等教育机构图书馆隶属于高等学校职能机构中的教学辅助部门，主要职能是为大学或其他高等教育及高等教育水平以上的教育机构的学生、教师和科研人员提供服务。此外，高等教育机构图书馆可以向公众开放。

由于高等教育机构图书馆的服务对象是专业水平较高的群体，其在性质、地位、馆藏特色、作用上也不同于普通学校图书馆，因此高等教育机构图书馆虽然属于学校图书馆范畴，但仍会将其单独列为一种类型的图书馆。

1. 基本特点

学术性和服务性是高等教育机构图书馆的基本特点。所谓学术性，是指高等教育机构图书馆除了提供图书馆的基本服务，还积极参加学校的科学研究项目、教学研究等专业性较强的研究工作。

所谓服务性，是指高等教育机构图书馆是以向在校大学生、教师和科研人员提供图书借阅、信息咨询等信息服务为主要工作的部门。

2. 教学任务

高等教育机构图书馆还承担着高等教育机构的教学任务。这里的教学任务，除了信息检索方面的课程，还包括配合学校要求，对学生进行政治思想教育，宣传党和国家的政策和法律、开展用户辅导、为大学生提供工作实践基地。

3. 基本类型

高等教育机构图书馆按馆藏情况可以分为三种：第一种是大学的主要或中心图书馆或者同一馆长领导下的分布于不同地方的图书馆；第二种是附属于大学的研究所和系，不受大学的主要或中心图书馆领导和管理的图书馆；第三种是附设于高等院校但不隶属其管理的图书馆。

（三）专业图书馆

专业图书馆是服务于特定的学科、知识领域或特殊地区利益的独立图书馆。它除了配合本系统和单位的信息需求进行信息搜集、整理、保管和提供相应的服务，还应积极开展深层次的信息研究和开发项目，力求不断向科研人员和领导部门提供其所需的最新的信息和发展趋势，完成自身任务。专业图书馆主要包括以下几类：

第一，健康服务图书馆和医学图书馆，是为医院或者其他地方的健康服务专业人员提供服务的图书馆。

第二，政府图书馆，是为政府机构、部门、办事处服务的图书馆。

第三，工商业图书馆，是工业企业或者商业公司为了满足本单位职工的信息需要，由其自身或上级机构主办的内部图书馆。

第四，传媒图书馆，是为报社、出版社、广播、电影和电视等媒体、机构及组织提供服务的图书馆。

第五，专业学术机构和协会图书馆，是为了服务于从事某一特定行业或专业的会员和从业者，由专业或者行业协会、学术团体、工会和其他类似机构主办的图书馆。

（四）流动图书馆

流动图书馆只是图书馆的一种服务形式，是利用交通工具并配备有设备而直接提供文献和服务的图书馆。它不需要读者或用户走入图书馆的固定场所，只需在自身所在地就可以接受服务。流动图书馆的建设，是构建具有中国特色现代公共文化服务体系的重要内容，任何一种类型的图书馆都可以将其作为自身建设的一部分进行发展。

（五）公共图书馆

公共图书馆，顾名思义，就是公开为某一地区内所有人口提供服务的普通图书馆，常常由财政资金提供部分或者全部运行经费。公共图书馆起源于古罗马时期，正式兴起于19世纪下半叶的欧美国家。这种类型的图书馆根据法律设立，从地方行政机构的税收中取得经费，向所有居民开放。

1975年，国际图联将公共图书馆的社会职能概括为四条：一是保存人类文化遗产；

二是开展社会教育；三是传递科学信息；四是开发智力资源。

（六）学校图书馆

学校图书馆是指附属于高等教育水平以下的各类学校的图书馆，主要是为校内的学生和老师提供服务。

（七）保存图书馆和存储图书馆

这两类图书馆主要功能是用以存储来自其他管理部门的、低利用率的文献资料的图书馆。

以上类型的图书馆除了配合本系统和单位的信息需求进行信息搜集、整理、保管和提供相应的服务，还应积极开展深层次的信息研究和开发项目，力求不断向科研人员和领导部门提供其所需的最新的信息和发展趋势，从而不断使图书馆保持进步。

四、我国现代图书馆的类型划分

若想划分我国现代图书馆的类型，应根据图书馆的领导系统，结合图书馆的性质、用户对象和藏书内容等标准进行。

（一）我国现代图书馆的主要类型

我国现代图书馆包括国家图书馆、公共图书馆、高等院校图书馆、科学图书馆、专业图书馆、技术图书馆、工会图书馆、军事系统图书馆以及中小学图书馆、儿童图书馆等。

（二）我国三大系统图书馆

在我国各类型图书馆中，以公共图书馆（包括国家图书馆）、高等学校图书馆、科学院图书馆三种类型图书馆发展比较迅速，规模比较大，成为我国图书馆事业的三大支柱。因为这三大系统图书馆藏书丰富，技术力量雄厚，设备先进，故而起到藏书中心、协调中心和服务中心的作用，在整个图书馆事业中起着举足轻重的作用，所以人们习惯上称其为"三大系统图书馆"。

1. 公共图书馆

公共图书馆担负着为科学研究服务和为大众服务的双重任务，在促进国家经济、科学、文化、教育事业的发展，提高全民族科学文化水平方面起着重要的作用。

中华人民共和国成立后，我国的公共图书馆得到了迅速发展，现在多达几千所。我国的公共图书馆主要按行政区域划分，除国家图书馆，有省、直辖市、自治区图书馆；省（自治区、直辖市）、市（州、盟）等行政区图书馆；县（区）图书馆、乡镇图书馆、街道图书馆等。我国的公共图书馆大多是综合性的，通常还建有地方文献的专藏，服务对象包括各种职业、各种年龄和各种文化程度的用户，主要承担着为本地区科学研究和大众阅读服务的任务。

2. 高等学校图书馆

高等学校图书馆是为教学和科研服务的重要机构，与教学和科研的关系极为密切。很多国家都把现代化的图书馆视为现代化大学的三大支柱之一。在我国高等学校图书馆中，历史悠久、馆藏丰富的北京大学、清华大学、中国人民大学、复旦大学、上海交通大学、中山大学、北京师范大学、西安交通大学、南京大学、四川大学、兰州大学等图书馆，都是全国或地区中心图书馆的成员馆，并承担着重要的任务。

高等学校图书馆可以分为综合性、专科性、文科、理科等各种类型的图书馆，具有用户对象稳定、用户用书的阶段性、藏书质量较高的特点。

高等学校图书馆的服务是一种专业性、学术性很强的服务，从服务内容、服务手段到服务方法，无不反映了它的学术性质。它的工作是学校教学和科学研究工作的重要组成部分。为教学和科学研究服务是高等学校图书馆的基本特征，是其全部工作的出发点和归宿，并贯穿于全部工作的各个环节之中。

3. 科学院图书馆

科学院图书馆属于专门性图书馆，是指中国科学院系统、中国社会科学院系统的图书馆及政府各部委研究部门的图书馆。这类图书馆种类多、数量大、藏书专且深，是直接为科学研究和生产技术服务的图书馆。它们依靠一些专门人才及其所掌握的专业知识，用科学的方法搜集、整理、保存和提供信息资料。科学院图书馆具有图书情报的一体化、服务方式多样化、藏书的专业性、图书情报工作人员专业素质要求高等特点。

在我国的科学院中，历史较久、规模较大的中国科学院文献情报中心、中国农业科学院文献信息中心、中国医学科学院医学信息研究所、中国中医科学院中医药信息研究所等，都各自拥有系统的中心图书馆。

第二章 图书馆服务

第一节 服务与服务理念

服务（Service）是工业社会出现了人口向城市集中的城市化和劳动分工体系的专业化，从而形成的现代化社会机构与制度。服务一般只是指社会成员之间相互提供方便的一类活动，通常可分为有偿的、直接或间接的提供方便的经济性劳动服务。服务理念则是指人们从事服务活动的主导思想，它反映了人们对服务活动的理性认识，是各种服务活动的核心。

一、服务概述

（一）服务概念描述

服务泛指为他人做事，并使他人从中受益的一种有偿或无偿的活动。不以实物形式而是以提供劳动的形式满足他人某种特殊需要。由于它是看不到摸不着的东西，而且应用的范围也越来越广泛，故而难以简单概括，所以直到今天，还没有一个权威的定义能为人们所普遍接受。在古代"服务"是"侍候，服侍"的意思，随着时代的发展，"服务"被不断赋予新意，如今，"服务"已成为整个社会不可或缺的人际关系的基础。社会学意义上的服务，是指为别人、为集体的利益而工作或为某种事业而工作，如"为人民服务"。经济学意义上的服务，是指以等价交换的形式，为满足企业、公共团体或其他社会公众的需要而提供的劳务活动，它通常与有形的产品联系在一起。

1. 国外学者对"服务"的解释

1960年，美国市场营销协会（AMA）最先给服务下的定义为："用于出售或者是同产品连在一起进行出售的活动、利益或满足感。"这一定义在很长一段时间内一直被人们广泛采用。

1974年，斯坦通（Stanton）指出："服务是一种特殊的无形活动。它向顾客或工业用户提供所需的满足感，它与其他产品销售和其他服务并无必然联系。"

1983年,莱特南(Lehtinen)认为:"服务是与某个中介人或机器设备相互作用并为消费者提供满足的一种或一系列活动。"

1990年,格鲁诺斯(Gronroos)给服务下的定义是:"服务是以无形的方式,在顾客与服务职员、有形资源等产品或服务系统之间发生的,可以解决顾客问题的一种或一系列行为。"当代市场营销学泰斗菲利普·科特勒(Philip Kotler)给服务下的定义是:"一方提供给另一方的不可感知且不导致任何所有权转移的活动或利益,它在本质上是无形的,它的生产可能与实际产品有关,也可能无关。"

2. 国内工具书和学者对"服务"的解释

《现代汉语词典》对服务做了如此释义:"为集体(或别人的)利益或为某种事业而工作。"《质量管理体系基础和术语》(2000)中对于"服务"的解释为:产品是过程的结果,包括四大类:服务、软件、证件和流程性材料。服务通常是无形的,并且是在供方和顾客接触的基础之上至少需要完成一项活动的结果。服务的概念至少应该包括四个基本的内容:(1)服务是一种无形的活动过程,它能给予服务对象以利益和满足感;(2)服务是与有形资源、商品或实体产品有关或相互联系的商品,具有价值并可以出售;(3)服务是一种行为或过程,它的产生由需求开始,结果是满足需求;(4)服务双方有一定交互,服务传递可以通过一定的媒介。

我国学者在综合分析国外学者对服务定义的基础上,把服务定义为:服务是一个为解决某种问题,在服务提供者及服务提供系统的帮助下,消费者参与生产并从中获得体验的过程。我们也可以这样来理解服务:服务就是本着诚恳的态度,为别人着想,为别人提供方便或帮助。

(二)服务的特征

服务无处不在,我们可以在社会的不同活动中见到服务的踪迹。服务与有形商品不同,其具有四个基本特征:

1. 无形性

无形性又称为服务的抽象性和不可触知性。服务是现象、无形和不可触知的,是无法以质量、形状、大小等标准来衡量的。服务的无形性表现在:(1)服务的很多元素看不见,摸不到,无形无质;(2)读者在接受服务之前,往往不能肯定他能得到什么样的服务,因为大多数服务都非常抽象,很难描述;(3)读者在接受服务后难以对服务质量作出客观的评价。因此,为了减少服务的无形性,读者通常会借助于有形部分来对服务作出相应的认识和评价。大到图书馆的整体服务环境、小到检索机以及馆员的服饰仪表都是读者判断服务优劣的依据。

2. 异质性

异质性又称为可变性(Variability),变性,即使是同一服务,由于提供者、时间、地点、环境等不同，读者感知的服务质量也有差异。服务异质性产生的根源：（1）馆员原因，即馆员的态度、技能、技巧、知识、素质等影响服务的绩效；（2）读者原因，读者的知识、经验和动机，影响着服务的开展；（3）馆员和读者间相互作用的原因，对于读者而言，服务在很大程度上依赖于读者与馆员之间的交互作用，尤其是在接触性较大的服务中，表现更为明显。例如，读者感知图书馆的服务，受许多因素（如馆员、时间、地点、环境，甚至读者心情）的控制和影响，往往因为这些因素的不同，便使读者的感受有天壤之别。

3. 同步性

同步性又称为不可分割性，即服务生产过程与消费过程在空间和时间上是同时并存的，一般而言，服务的提供与接受是同时发生的，可以说在时间和空间上它是单向性的、不可逆的。这一特征表明，读者只有而且必须加入服务的生产过程之中，才能享受到服务，如读者到图书馆阅览室阅读图书。

4. 易逝性

易逝性又称为不可储存性，即服务不能被储存，容易消失，服务只存在于其被产生出的那个时间点，一经生产，就必须被消费掉，否则就会变得毫无用处，如图书馆的空座位、闲置的空间和设施。

二、服务理念

理念原是一个西方哲学史和西方美学史中的一个概念，包含广泛的含义，一般可以理解为理性所产生的概念。服务理念则是人类众多理念的一种，是指人们从事服务活动的主导思想，它反映了人们对服务活动的理性认识，是各种服务活动的核心，是服务组织在创造价值的过程中，对客户或服务对象的服务原则、服务态度、服务方式的集中体现，是服务组织规范服务人员心态和行为的准则，同时，也是服务组织提供给顾客能满足其某一种或某几种需要的服务的功能、效用。顾客购买、体验某种服务，并不是为了"拥有"这种服务，而是利用这种服务来获得这些功能和效用。通俗地讲，服务理念是指服务组织用语言文字在单位内外公开传播的、一贯的、独特的和有顾客导向的服务主张和服务理想。

服务理念主要包括宗旨、精神、使命、原则、目标、方针、政策等。宗旨是服务组织建立的根本目的和意图，使命是服务组织在社会经济发展中担当的任务和责任，目标是服务组织运行和发展预期达到的境地或标准，方针是服务组织在经营管理上总的发展方向或指导思想，政策是服务组织在处理内外关系或配置资源时所提出的有重点、具倾向性的观点及实施方案，原则是服务组织在其行为中恪守的准则或坚持的道理，精神则是服务组织内较深刻的思想或较高的理想追求、或基本的指导思想。在服务理念中,"宗旨"和"精神"的思想层次较高,但比较抽象,缺少操作性;"目标""方针""政策"较具体,比较容易操作,但思想层次相对较低;而"使命""原则"的思想层次、操作性则介于上述两组理念之间。

(一)服务理念在服务活动中的作用

1. 有利于服务的有形化

服务组织的服务理念作为一种思想,一般都以语言文字的形式向顾客公布和传达的,而语言文字是"有形"的信息,因此,"有形"的服务理念有利于无形服务的有形化,而且理念本身正是服务有形线索所要提示的主要内容。但服务理念的"有形化"本身是不够的,还必须将其演化成为一种自觉意识。

2. 有利于体现和建立服务特色

策划、设计出比较优秀的服务理念往往是独特的,有个性、有特色。例如,深圳南山区图书馆提出的"关爱、无限、完美、超值"的服务理念便颇有特色,给社会与读者以深刻的印象。

3. 有利于发挥服务组织人员的工作积极性和创造性

服务理念的一部分是针对服务组织内部员工,用于激励他们,能起到某种程度政治思想工作的作用。同时,服务理念还能统一全体员工的思想和心态,而服务行为正是来源于员工的思想和心态。因此,思想和心态的统一有利于整个服务组织服务行为的统一。

4. 有利于监督服务组织员工的服务行为

既然服务理念的一部分是针对服务组织员工的,并且是向顾客公布和起到传达的,因此,服务理念一方面能对员工的服务行为起到某种警示作用,另一方面还能引导顾客对员工服务行为的监督作用。

服务理念的核心可以归结为顾客导向的观念,即一切服务主张和服务理想都可以或者说应当归结为最大限度地满足顾客的期望和要求。既然是顾客导向的,服务理念就没有必要隐瞒,应当向服务组织内外公开,让尽可能多的人了解,以体现服务理念的真诚。服务理念既然是公开的,就离不开公开的手段——传播。好的服务理念是适合传播和有传播效果的理念。服务理念的一贯性体现在相当长时间内是比较成熟的、稳定的是一贯的主张或追求的理想,不是心血来潮,不是稍纵即逝的思想火花,也不是随意改变的主意。服务理念都是人倡导的,而人是有个性的,这种个性就会融合在他所倡导的理念之中,并通过理念的独特性表现出来。服务理念从根本上讲来源于顾客期望,顾客期望的动态性和变化性的特点和服务理念对工作的领导地位要求自身必须具备前瞻性,而且服务理念也必须继承传统服务中合理、正确的部分,并在继承的基础上进行理念创新。服务理念是对服务理想水平的一种描述,但理想水平总是高于现实水平的，因而才具有挑战性。倡导服务理念的主要目的是指导服务组织在激烈的市场竞争中用更周到的服务去争夺顾客与用户，服务理念是有竞争意义或战略意义的。服务理念是用以指导服务行为的，但服务理念只有深刻，即抓住人心，才能打动人心并化为员工自觉的服务行为。

（二）现代服务理念

随着社会文明的进步，社会服务事业得到了充分的发展，人们的服务理念也发生了深刻的变化，形成了多层次的服务理念。

（1）服务体现着思想境界，全心全意为人民服务是具有新时代中国特色社会主义的价值观。在我们的传统观念中，服务是侍候人的工作，从事服务的人往往低人一等。在文明社会中，服务活动是社会活动的重要组成部分，服务更多地表现为合作。在社会主义思想观念中，服务更是一种崇高的活动。70多年前，毛泽东以一篇脍炙人口的经典名著——《为人民服务》，教育和影响了中国的几代人。全心全意为人民服务的思想观念可以归结为一句比较现代的用语就是"以人为本"，这可以说是各种服务活动的根本理念。

（2）服务在社会生产活动中的表现为劳务，服务业是现代社会经济的最具活力的增长点。在社会的生产活动中，服务更多地表现为"劳务"，即不以实物形式而以提供劳动的形式满足他人某种需求。这种"劳务"的不断发展，形成了现代社会规模庞大的新生行业——服务业和以服务业为主体的第三产业，从而导致了人类历史上的又一次产业革命。服务行业的发展程度也成了衡量一个国家社会经济发展的重要标志。

（3）服务就是合作，已成为社会竞争的焦点。在现代社会活动中，人们对服务的关注已达到相当高的程度。"用户至上""服务第一"已不再只是一个单纯的口号，而成为社会竞争的准则。在市场活动中，服务与产品质量共同担当着市场竞争的主角。

第二节　图书馆与图书馆的服务

一、图书馆的由来与定义

（一）"图书馆"的由来

图书馆的产生和发展是有一个过程的，图书馆的发展和变化与当时社会的经济和生产技术发展有着密切的联系。

"图书馆"英文为 Library，含义为藏书之所，来源于拉丁文的 Liber 图书一词。我国的图书馆历史悠久，只是起初并不称作"图书馆"，而是称为"府""阁""观""台""殿""院""堂""斋""楼"罢了。如西周的盟府，两汉的石渠阁、东观和兰台，隋朝的观文殿，宋朝的崇文院，明代的澹生堂，清朝的四库七阁等。现在，我们之所以称其为"图书馆"，是因为它是一个外来语。1880年，日本的"东京书籍馆"改名为"东京图书馆"，并且正式采用了"图书馆"这一名词。不久，"图书馆"一词由日本传入中国。1902年清政府在颁布《钦定学堂章程》时，在官方的文书上采用了"图书馆"一词，100多年来，一直沿用此称谓。

（二）图书馆的定义

图书馆的定义有广义和狭义之分，广义的定义是对图书馆这一人类社会现象的总的说明，是一般图书馆的定义。这个定义适用于不同的社会制度，不同的国家，不同的时代。狭义的定义是对一定时期、一定社会制度或某些特殊的图书馆下的定义。

1. 国外图书馆的定义

《大英百科全书》的解释：图书馆意思是很多书收藏在一起，这些书是为了阅读、研究或参考用的。

法国的《拉鲁斯百科全书》的解释：图书馆的任务是保存用各种不同文字写成的、用多种方式表达的人类思想资料，图书馆收藏各种类别的、组织起来的图书资料，这些资料用于学习、研究或一般情报。

日本《广辞苑》的解释：图书馆是搜集、保管大量书籍，供公众阅览的设施。

《苏联大百科全书》的解释：图书馆是组织社会利用出版物的文化教育和科学辅助机关。图书馆系统地从事搜集、保藏、宣传和向读者借阅出版物，以及进行图书情报工作。

美国的J.贝克在《情报学浅说》中，给图书馆下了这样的定义：图书馆是收集各种类型的情报资料、系统地加以整理并根据需要提供使用的地方。

美国图书馆学家巴特勒提出："图书馆是将人类记忆的东西移植于现在人们意识之中的一个社会装置。"

美国另一名图书馆学家谢拉则认为：图书馆是这样的一个社会机关，它用书面记录的形式积累知识，并通过馆员将知识传递给团体和个人，进行书面交流。因此，图书馆是社会中文化交流体系的一个重要机关。

2. 国内图书馆的定义

在我国，20世纪30年代就有一些图书馆学者相继给图书馆下了定义。刘国钧认为：图书馆乃是以搜罗人类一切思想与活动之记载为目的，用最科学、最经济的方法保存、整理它们，以便使社会上一切人使用的机关。

《辞海》中对图书馆的描述是这样：图书馆是搜集、整理、收藏和流通文献资料，以供读者进行学习和参考研究的文化机构。

卢震京 1958 年在《图书馆学辞典》中对图书馆定义作了如下解释：图书馆系根据其特定需要，搜集一切或一些人类文化在科学、技术、艺术及文学各方面所创造的精华记载，用科学的经济的方法整理保存，以便广大人民使用，并进而帮助其接受马列主义为完成社会主义建设所必需的知识的文化中心。

黄宗忠、郭玉湘、陈冠忠在 1960 年发表的《关于图书馆学的对象和任务》一文中认为："图书馆是通过收集、整理、保管、流通和宣传图书资料，为一定的阶级利益和一定的政治路线服务的一个文化教育机关。"

吴慰慈在《图书馆学概论》（1985 年版）一书中提出："图书馆是搜集、整理、保管和利用书刊资料，为一定社会的政治、经济服务的文化教育机构。"而在《图书馆学概论》（2002 年版）中是这样来述说的："图书馆是社会记忆（通常表现为书面记录信息）的外存和选择传递机制。换句话说，图书馆是社会知识、信息、文化的记忆装置、扩散装置。"

21 世纪初，我国图书馆界开展了对图书馆新定义的讨论，台湾大学胡述兆认为图书馆是用科学方法，采访、整理、保存各种印刷的与非印刷的资料，以便读者利用的机构。王子舟将图书馆定义为图书馆是对知识进行存储、优控、检索，为公民平等、自由获取知识提供服务的机构。

由 2003 年图书馆定义所引发的学术争鸣可以看出，图书馆此时正经历一个快速变化的时期——新技术飞速发展和日益被广泛普及，图书馆网络技术和信息技术的广泛应用，优化了图书馆的工作流程，扩充和丰富了图书馆收藏的资源，提升了图书馆的服务水平，拓展了图书馆的服务范围，使图书馆从传统图书馆向传统图书馆与数字图书馆并存的局面发展。这种变化主要是由信息技术和网络技术的发展带来的。我们要给图书馆下一个科学而确切的定义的确是困难的，只能根据人们对图书馆的认识水平和程度，给某一阶段的图书馆下一个比较科学、比较确切的定义，因为社会是不断发展变化的，图书馆也是不断发展变化的。

二、图书馆服务

服务一直是图书馆讨论的主题，在某种程度上也是永恒的主题。当阮冈纳赞提出图书馆学五定律和刘国钧论述图书馆学要旨时，他们都是围绕着图书馆的"服务"来展开的，因为服务是图书馆的灵魂、服务是核心、服务是基础、服务是一切工作的出发点的价值观和理念。

（一）图书馆服务的定义

《中国大百科书：图书馆学·情报学·档案学》中将图书馆服务定义为："图书

馆利用馆藏和设施直接向读者提供文献和情报的一系列活动，有时也称图书馆读者工作。"其外延是："现代图书馆不仅通过阅览和外借的方法为读者提供印刷型书刊资料，而且还提供缩微复制、参考咨询、编译报道、情报检索、情报服务、定题情报检索以及宣传文献情报知识的专题讲座、展览等服务。"

袁琳对图书馆服务的界定是：图书馆根据读者的文献信息需求，充分利用图书馆资源直接向读者提供文献和信息的一系列活动。同时，他把读者服务、读者工作和图书馆服务三者基本等同起来。

毕九江认为：图书馆服务是为满足读者的信息需求而开展的各项工作，服务可以划分为信息资源提供服务、信息咨询服务两类，图书馆服务的内涵并不单单是指为满足读者的信息需求而开展的各项工作，还应包括图书馆的服务理念、服务质量、服务环境以及在图书馆服务过程中工作人员的业务能力、服务态度等。

王世伟认为，图书馆的服务是图书馆人以建筑设施、技术设备、文献资源为依托，以真挚的情感、聪明的才智和自觉的行动为代价，提供适合与满足读者对知识、信息需求和心理满足的劳动活动过程及活动所产生的结晶。

鲁黎明将图书馆的服务定义为："图书馆为了满足社会和用户的文献信息等多方面的需求，利用自身的资源，运用多种方法所开展的一系列服务活动。"

柯平指出：图书馆服务是读者工作或读者服务的发展，是超越传统的读者工作或用户服务范畴的一个概念，是想要达到读者还有社会的标准，借助图书馆馆藏还有另外所有资源，展示图书馆实际价值的所有行为。它涵盖了三个要素：一是对象，也就是读者和社会；二是内容，也就是借助图书馆资料；三是目标，也就是显示图书馆的实际价值。

刘昆雄认为现代图书馆服务具有四个层次：第一是作为休闲场所的图书馆服务；第二是作为学习场所的图书馆服务；第三是作为文化和信息中心的图书馆服务；第四是作为营销机构的图书馆服务。而图书馆每一个服务层次都是由许多具体的服务项目来实现的。

谭祥金把图书馆服务定义为：图书馆运用图书馆资源去满足读者对文献信息需求的行为和过程。

吴慰慈则把图书馆文献的使用和服务工作以及用户发展、用户研究、用户培训等一系列工作称为图书馆服务，并把其作为用户服务工作、读者服务工作的同义词。

谢景慧则认为：图书馆将丰富的文献信息资源向社会、向读者传递，于是就形成了图书馆特有的活动内容——读者服务。

从各位学者对图书馆服务的各种界定分析，图书馆服务具有几个共同的结构因素：一是图书馆的服务对象——以读者为主体的社会各种组织和个人组成了图书馆服务的用户，其中某些个人和单位还不一定是图书馆文献信息资源的利用者。二是图书馆资源，也可称其为图书馆服务资源，它是图书馆开展服务的基础条件，包括文献信息资源、人力资源、设施资源以及其他一切可以为社会和个人所利用的资源。三是图书馆服务对象以文献信息为主包括其他各种形式的服务需求。四是为满足社会和用户需要的各种服务手段和方式，它是实现服务的前提条件。因此，图书馆服务就是图书馆为了满足社会和用户的文献信息等多方面需求，利用自身的资源，运用多种方法所开展的一系列服务活动。这样一个定义，既符合目前图书馆服务工作的实际，又符合图书馆服务功能开放性发展的趋势，具有一定的前瞻性。

（二）图书馆服务的构成要素

图书馆服务的构成要素通常有四个，这四个要素相互联系、相互作用，从而保证图书馆各项服务工作不断变革、不断发展、不断适应读者日益发展的多元化、多层次的信息需求。

1. 服务对象

读者是图书馆服务的对象，是文献信息资源的使用者，通常也被称为文献信息用户。读者是一个非常广泛的社会概念。对图书馆来说，读者通常指通过一定方式获得授权，从而具有利用图书馆各种资源权力的一切社会成员。个人、集体和单位都可以成为图书馆的读者。读者既是图书馆文献信息的利用者，也是图书馆文献的接受者，离开了读者对文献信息的利用，那么就不会产生读者服务活动。

2. 服务的基础资源

基础资源是服务工作不可缺少的物质和人力条件保障。除了馆舍、软硬件、馆员等一般要素，作为社会特殊行业的图书馆，其服务的根本基础是图书馆拥有的信息资源，它是开展一切读者服务工作的前提条件。图书馆信息资源的内容十分丰富而广泛，它是图书馆按照读者群体和服务任务，通过长期的建设而形成的巨大知识宝库。图书馆的信息资源通常具有三个基本特征，一是拥有海量的文献资源，其中包括传统的印刷型馆藏文献和强大的数据库群；二是拥有的信息资源具有相互支撑、相互关联的科学体系；三是拥有的资源通过各种联盟体系与外界资源构成纵横交错的联合保障体系。图书馆之所以能够拥有规模不等、不断成长的读者群体，原因就在于读者群体通过图书馆能够获得从其他社会机构和渠道难以得到的信息资源保障。因此，图书馆的文献资源体系是图书馆履行社会职能，赖以生存和发展的根本条件。

3. 服务方法

图书馆服务方法是指为满足读者特定的文献需求所采用的各种文献信息服务方式和手段所构成的多层次、多功能服务的有机整体。它是读者服务工作得以实现的基本保障，也是图书馆服务的基本手段。图书馆服务方法的形成既是社会分工发展的产物，也是自身演变的结果。各种服务方法相对独立，同时又相互渗透、相互联系，都具有相对独立的功能、效果和适用范围，有其产生和发展的历史背景。同时，各种服务方法之间又相互补充、共同发展。图书馆服务方法主要包括图书、报刊等文献的外借服务、阅览服务、复制服务、参考咨询服务，以及数字资源的网络信息服务等。随着社会对文献信息广泛的应用，图书馆的服务体系也在不断得到提升和丰富。

4. 组织管理

组织管理是图书馆服务工作顺利进行的有效组织保证。图书馆服务的组织管理是指以先进的服务理念为指导，充分应用现代的科学方法和管理技术，对读者服务活动进行科学计划、组织、指挥、协调、控制的过程。图书馆服务的组织管理既贯穿于整个服务活动过程，同时也贯穿于图书馆工作的全部过程，其实质是有效地运用人力、物力、财力等基本因素，对图书馆服务系统的不断运动、发展和变化进行有目的、有意义的控制，以达到最大限度满足社会文献信息需求的总体目标。

（三）图书馆服务的分类

1. 图书馆文献信息服务

图书馆利用文献信息资源直接向用户提供有关文献和信息的一系列活动，均属于图书馆文献信息服务。对于大多数图书馆，文献信息服务是服务的最主要内容，如文献外借、阅览，文献检索，数据库访问等都属于文献信息服务。在很长一个时期里，图书馆丰富、独特且经过科学组织的文献信息资源，保证了图书馆在提供文献信息服务方面具有自己的优势。进入网络时代后，图书馆文献信息服务增加了新的内容，即利用网络获取不属于本馆馆藏的信息，为用户提供网络文献信息服务。

2. 图书馆非文献信息服务

此类服务是指那些依赖于图书馆员工及图书馆建筑设备等资源提供的服务，包括由图书馆员对读者提供参考咨询、社会教育，以及利用图书馆建筑设备为读者提供娱乐休闲等。图书馆拥有训练有素、长期从事信息服务的馆员，这些馆员除了为用户提供文献信息外，还能利用自己的知识与技能为用户提供参考咨询或社会教育服务。图书馆还拥有场地，对于公共图书馆，图书馆场地是一个市民的公共空间；对于机构图书馆，图书馆场地是机构所服务对象的共有空间。图书馆管理者可以利用这个空间提供各种服务，用户既可以在这个空间中阅读或学习，也可利用它来进行娱乐与休闲活动。

三、图书馆服务发展历程

图书馆的服务是变化发展的，服务方式大体经历了以下五种形态，并在整体上呈现阶梯函数，其中的每一个较高层次都源于较低层次，但呈现出优于较低层次的新的特征。

1. 文献实体服务

考古发现，约公元前3000年在两河流域的古巴比伦王朝的一座寺庙废墟附近，就有大批泥版文献被集中在一起，成为已知最早的图书馆。直到近代印刷革命和产业革命之前，古代图书馆——无论是西方的尼尼微皇宫图书馆、亚历山大图书馆、欧洲中世纪的寺院图书馆，还是中国殷商时期的"窖"藏甲骨、周代的守藏室、隋唐的书院——在整体上都表现出对社会的封闭性，由此便决定了古代图书馆以文献实体服务为特色的服务内容与方式。

2. 书目信息服务

书目的根本特点是在于它组织的不是信息资料本身，而是仅仅关于他们的信息。人们对文献实体分离出来关于文献的信息，并为克服文献与需求者的矛盾以达到统一记录和组织这些文献信息的活动，是一切书目活动历史的和逻辑的出发点，而提供书目信息服务则是书目活动的目的和归宿。

在我国，由于纸质载体和印刷技术的发明，古代文献卷帙浩繁，书目信息工作由来已久。在西方，书目信息服务大体上与近代图书馆的发展同步，西方近代图书馆起源于文艺复兴和宗教改革时期，欧洲进入资本主义社会后，大机器生产需要有文化的工人，教育开始普及到平民，文献生产能力大大提高，从而使一些全国的图书馆对外开放。17世纪，德国图书馆学家G.诺德提出图书馆不应仅为特权阶层服务，应该向"一切想来图书馆学习的人开放"。到19世纪中期，以英、法等国为代表的工业革命基本完成，科技革命迅速发展，以英国的《哲学汇刊》（1665）、德国的《药学总览》（1830）、美国的《工程索引》（1884）等为代表的科技书刊和文献索引纷纷出现。西方的目录学也正是在这样的经济、科技的基础上获得了快速的发展。以1895年世界性的目录学组织"国际目录学会"的成立为标志，世界目录学实现了从传统目录学向现代目录学的转变。

与此同时，除了传统的文献实体服务，各种书目信息工作、服务和管理在图书馆中开始活跃起来，尤其是分类目录、卡片目录、各种二次文献信息产品的开发，新到书刊目录报道、推荐书目服务以及相关的书目控制、书目情报系统建设等逐步成为图书馆活动和服务的中心工作。

3. 参考咨询服务

参考咨询是指图书馆员对用户利用文献和寻求知识、信息方面提供帮助的活动。它是以协助检索、解答咨询和专题文献报道等方式向读者提供事实、数据和文献检索。参考咨询更加强调图书馆的情报职能，更为注重用户的信息需求，它将书目信息服务提升为不仅为用户提供书目工具，而且还要解决实际问题。

一般认为，比较正规的参考咨询服务是19世纪下半叶最早在美国公共图书馆和大专院校图书馆开展起来。1876年，伍斯特公共图书馆馆长S.格林在向美国图书馆协会第一次大会提交的题为《图书馆员与读者的个人关系》一文中提出图书馆对要求获取情报资料的读者应给予个别帮助。此文被视为关于图书馆开展参考咨询服务的最早倡议。1891年，图书馆学文献中出现了"参考咨询工作"这一术语，此后参考咨询服务理论逐渐被图书馆界接受和应用。

20世纪初，多数大型图书馆成立了参考咨询部门，并逐渐成为图书馆服务中的一项重要内容。随着文献信息的激增和用户需求的增长，早期的指导利用图书馆、利用书目解答问题等服务内容逐渐发展到从多种文献信息源中查找、分析、评价和重新组织情报资料。到20世纪40年代，又进一步开展了包括回答事实性咨询、编制书目、文摘，进行专题文献检索，提供文献代译和综述等服务项目。

4. 信息检索服务

20世纪中后期，西方工业国家的科技发展使信息处理问题逐渐凸现出来，尤其是以德国、英国、美国和苏联为主的一些国家积累了大量的需要处理和利用的科技文献资料和科研成果，计算机问世并被应用于文献加工领域，新学术思想活跃以及新的学科不断诞生。与此同时，一方面，一些图书馆开始利用计算机和现代通信技术建成各种文献数据库、数值数据库和事实数据库，并逐步实现了联机检索。使参考咨询服务中的部分工作自动化；另一方面，参考咨询工作的流程，即接受咨询、进行查询、提供答案、建立咨询档案等，也为信息检索服务的方法和策略提供一种框架。这些都使得信息检索服务方式呼之欲出。1945年，美国科学家V. 布什在《诚若所思》（As we may think）一文中首次提出了机械化检索文献缩微品的设想；1950年，C.N. 莫尔斯提出了信息检索的概念和思想；英国文献学家S.C. 布拉德福于1948年发表了《文献工作内容的改进和扩展》一文，强调了自19世纪90年代以来蓬勃发展的文献工作到20世纪40年代所面临的必须革新的局面。这些都铸成了图书馆文献服务内容与方式从文献实体或文献信息为主体向信息资源为核心的历史性转移。

至此之后，图书馆工作中的许多工作，诸如信息收集、信息组织、检索语言的编制、用户需求的调研等都开始以信息检索服务为中心开展起来。从20世纪50年代开始，美国人M. 陶伯、C.N. 莫尔斯、A. 肯特、H.P. 卢恩发明了题内和题外关键词等索引，英国的布拉德福和B.C. 维克利对文献分布、R.A. 费尔桑对分类检索、C.W. 克莱弗登对检索系统性能的评价问题等都分别做了研究。

尤其是20世纪90年代，各种计算机检索系统都迅猛地发展起来了。如美国国家航空航天局的RECON信息检索系统、美国国立医学图书馆的MEDLARS、洛克希德公司的DIALOG、系统发展公司的ORBIT以及书目检索服务社（BRS）的联机检索系统等都相继投入使用。

随着检索的智能化、数据挖掘、知识发现的发展，以及各类信息咨询和信息调查机构的兴起，全文本、多媒体、多原理和自动化等新型检索方式将会取得长足的进步，信息检索服务将演变成图书馆网络化知识服务的基础和手段。

5. 网络化知识服务

网络化知识服务是与信息资源的网络化和知识经济、技术创新的社会背景息息相关的，也是信息检索服务发展的必然结果。从20世纪90年代之后，随着网络技术的发展和普及，图书馆的数字化、信息资源的网络化、信息系统的虚拟化，以及各种非公益性的信息机构将包括文献信息检索、传递在内的信息服务直接提供给最终用户，导致信息交流体系和信息服务市场的重组，图书馆对信息服务的垄断地位也不复存在。这些都促使图书馆必须迅速调整和充实服务的内容和策略，重新定位其核心竞争能力，使现有的以信息检索为核心的服务方式向网络化知识服务方式转变，以保证其在数字化、网络化环境中的社会贡献、用户来源和市场地位。

网络化知识服务是图书馆信息服务的高级阶段，是一种基于网络平台和各类信息资源（馆藏物理资源和网络虚拟资源）、以用户需求目标驱动的、面向知识内容的、融入用户决策过程中并帮助用户找到或形成问题解决方案的增值服务。网络化的知识服务具有个性化、专业化、决策性、整合性和全球化等特征，基本上属于单向或多向主动型服务。

6. 智慧型服务

智慧服务是建立在知识服务基础上的，运用创造性智慧对知识进行搜集、组织、分析、整合，形成全新的知识增值产品，支持用户的知识应用和知识创新，并将知识转化为生产力的服务。作为图书馆服务发展的新形态，智慧服务不同于其他形态，其具备崭新的服务理念，并兼具创新发展、可持续发展特点。

通过对互联网的数字编码感知，主动感知对象，并对其进行知识描述，把某一领域信息的单种文献与读者、馆员等信息个体互联，拒绝信息的碎片化，智能互联前台的读者与后台的馆员。智慧型服务还能把实际工作进行虚拟化，如通过情景感知，推送用户感兴趣的资料；通过传感设备，三维立体显示地图指引、自助借还等，以实现全社会的感知。

智慧服务环境下，因为多种网络渠道、通信工具的使用，信息是泛在的、立体互联存在的，可以是图书馆与人的互联，如座位信息管理系统；也可以是人与人之间的互联；书与书的互联。智慧服务的对象利用物联网，在感知层中自动组网，汇聚和转换各种数据，识别不同领域，跨部门和跨行业，甚至跨区域、跨国界实现泛在的深度互联。

智慧服务的管理对象主要是馆内文献资源和用户。因此，智慧化服务对象可表现为：一是借阅和打印、扫描馆藏资源，以及图书逾期款的支付、座位预约等，还包括对图书馆建筑中的灯光、温度、湿度，电梯、门和安保摄像头等物理环境及日常维护的管理；二是对用户的管理，包括用户个人借阅信息的智能化分析，用户行为的跟踪等，目的是为其提供深层次的个性化服务。智慧服务广泛、立体的感知和互联，不仅使馆内实现物物相连、物人相连，为深层次的智慧管理和服务提供了帮助，而且还实现了高效管理。

相对于传统服务，智慧服务融入了更多技术，但仍坚持"以人为本"的理念，因此其功能特点的实现仍以提供人性化的服务为目标。不同于以往服务，智慧服务能够主动感知用户需求，为其提供个性化的智慧服务；同时，智能化的馆舍，从温度、亮度、湿度等方面，通过严格而精准的调控，为读者创造一个舒适的环境。更有一些馆内自助设备、通借通还以及3D导航等服务模式，都将人性化的服务理念体现得淋漓尽致。

此外，近年来，泛在图书馆理论和泛在图书馆应用的思想在国内外图书馆界极其活跃，已经成为专家、学者们关注和研究的热点。泛在图书馆给出了数字图书馆新的内涵和定义，泛在知识环境带来了数字图书馆服务环境和用户需求的变革，也改变了数字图书馆的研究方向。泛在图书馆就是要构建多语种、多媒体、多格式、多形态、移动的、语义的数字图书馆知识网来检索人类知识，使信息服务更加实质性地转向知识服务。

四、图书馆服务理念

服务理念是指人们从事服务活动的主导思想，即服务主张和服务理想。图书馆服务理念是图书馆开展服务工作的理论依据和行动准则，它不仅是"为建立理想的用户关系、赢得用户信任所确定的基本信念和价值标准，同时也是馆员在从事服务工作中应遵循的基本信念和准则"。树立正确的服务理念，为用户提供优质满意的服务，将永远是图书馆的头等大事。从19世纪50年代开始，在多年的发展历程中，图书馆的服务理念也随着时代的演变在不断深化与完善。

（一）国外图书馆服务理念

1. 杜威的图书馆读者服务"三适当"准则

19世纪下半叶，图书馆学在美国得到巨大发展，卡特和杜威是其中一批卓越的图书馆学家的代表。1876年美国著名图书馆学家杜威提出图书馆读者服务"三适当"准则，即"在适当的时间，给适当的读者，提供适当的服务"。这条准则将图书馆资源的选择、提供与图书馆服务结合起来，对确立图书馆的服务理念具有开拓意义。

2. "一切为了读者"的思想

列宁明确指出，图书馆要"方便读者"，"吸引读者"，"满足读者对图书的一切要求"，"帮助人民利用我们的每一本书"。列宁关于图书馆服务"一切为了读者"

的思想,是其辩证唯物主义和历史唯物主义思想的具体体现。他认为,在服务方向上,图书馆要高度重视馆藏文献的流通和使用,"不仅对学者和教授开放,而且也对一般群众和市民开放",要尽可能吸引读者,方便读者,高效满足读者对图书的要求;在服务范围上,要尽可能扩大读者群体,各机关团体图书馆要向社会公开开放;在服务方式上,图书馆要广泛采用馆际互借的方式,提供各馆藏书的免费服务,并采用开架借阅模式;在开放时间上,要尽可能延长开放时间,节假日也不例外;在服务过程中,要注意提高参考书的利用率,从读者的需要和使用效果出发,将执行制度的原则性与灵活性有机地结合起来。

3. 阮冈纳赞的图书馆学"五定律"

1931年,印度图书馆学之父阮冈纳赞在其所著的《图书馆学五定律》一书中提出了著名的图书馆学"五定律",它们分别是:书是为了用的(Books are for use);每个读者有其书(Books are for all);每本书有其读者(Every book has its reader);节省读者的时间(Save the time of the reader);图书馆是一个生长着的有机体(The a library is a growing organism)。第一定律"书是为了用的",这是图书馆的基本法则,是图书馆开展一切服务工作的前提和存在的价值。它表明图书馆不仅具有收藏和保护图书的职能,更重要的是要使图书充分发挥出它的作用。它彻底改变了传统图书馆以"收藏"为主的服务观念,确立了以利用为根本的服务宗旨,点出了图书馆工作职能的精髓。第二定律"每个读者有其书",它改变了"书为特定少数人服务"的理念,提出了图书的社会化。阮冈纳赞认为应一视同仁地向每个人提供图书,所有人都享有看书、学习和享受的机会。这种坚持平等权利原则的主张,鲜明地体现了以人为本的服务宗旨,揭示了近现代图书馆服务的本质。这条定律也即"书为人人"。第三定律"每本书有其读者",其基本理念是让每一本书都能得以适用,使每本书都能找到需要它的读者,强调的是图书馆的藏书应具有较强的针对性,能充分发挥效用。为此,图书馆应努力采取一切的手段与方式来"为书找人"。这条定律为图书馆开展读者服务提供了理论基础。可以说,它与第二定律从根本上确立了图书馆服务从"书本位"向"人本位"转变的基本思想认识。第四定律"节省读者的时间",它强调的是图书馆服务的效率和效益,也就是说要改革管理方法,节省读者的宝贵时间。第五定律"图书馆是一个生长着的有机体",它概括了图书馆的发展观,认为图书馆的发展不仅包括图书馆内部的藏书、读者和工作人员的不断发展,也包括由于客观形势的变化而引起的图书馆工作在深度和广度上的发展。这条定律对图书馆事业的可持续发展提出了理论依据。

阮冈纳赞的图书馆学"五定律"是对杜威图书馆服务"三适当"准则的继承和发展,深刻揭示了图书馆的使命、存在价值、发展机理和发展规律,强调了图书馆应以读者为中心、服务至上的理念和图书馆要适应社会需求的发展思想。这五条定律所体现出的"以人为本"的思想，对图书馆的发展具有深远的影响，为确立现代图书馆服务理念奠定了思想基础，被图书馆界一直尊为经典理论。

4. 米切尔·戈曼的图书馆学新五定律

1995年美国学者米切尔·戈曼（Michael Gorman）在阮冈纳赞的基础上，又提出了图书馆事业的五条新法则，人们称之为"新五律"。其主要内容是：第一定律"图书馆服务于人类文化素质"，认为为个人、团体及整个社会服务是图书馆工作最重要的原则，是图书馆工作产生、存在与发展的第一推动力。第二定律"重视各种知识传播的方式"，认为面对电子图书的冲击，应重视各种知识传播方式。因为每一种新的传播方式都是对原有传播方式负载能力的增强与补充。第三定律"明智地采用科学技术，提高服务质量"，认为要明智地将新技术与新方法成功地结合到现有活动和服务的过程中，充分利用科学技术的优势来提高服务的质量。第四定律"确保知识的自由存取"，认为图书馆应成为人类文化成果和知识的共同收藏之所，要努力保持向所有人开放，使所有人都有机会使用资源。第五定律"尊重过去，开创未来"，强调图书馆应在继承和发展传统服务的基础上，调整和变革图书馆服务的功能和意义，通过不断的创新，以发展的眼光看待未来，才能与时俱进，既保持自己的特色，又能争取更美好的前景与未来，在时代发展中立于不败之地。

"新五律"是针对当今图书馆及其未来发展趋势而提出的，具有其鲜明的时代特征。它是对阮冈纳赞图书馆学五定律所蕴含真理的重新解释，它强调了服务的目标、质量，而且把服务的内涵提高到了人类文化素质、知识传播和对知识的自由存取的高度，指出随着时代的发展，科技的进步，信息环境、用户的需求都在发生着变化，图书馆工作不断地出现新的内容，但服务仍是图书馆的最根本所在。

5. "3A"服务理念

所谓3A理念（Anytime、Anywhere、Anyway）是指无论用户在什么时间、什么地方、通过何种方式，都能得到图书馆方便、快捷高效的文献信息服务。要使这个理念变为现实，有赖于"虚""实"两个用户服务系统作为依托。所谓"虚"，就是基于网络的虚拟用户服务系统或称虚拟参考咨询服务系统。目前，上海交通大学图书馆等图书馆网站已经基本建成了"网上（虚拟）参考咨询台"，使用户可以随时随地与各参考咨询馆员通过电子邮件或电话取得联系，获得各种与文献信息检索相关的指导和帮助，可以随时随地利用"常见问题解答"得到有关问题的答案，可以随时随地通过"网上参考工具书"查阅网上免费的在线词典、百科全书、地图集，可以随时随地通过"学习中心"，学习、掌握各种电子资源的使用方法。所谓"实"，就是基于流通、阅览、声像等业务部门以及遍布各个部门的实体参考咨询台。"虚""实"结合，使图书馆服务的时间、空间从有限变为无限，服务方式也由单一趋向多元化。

（二）国内图书馆服务理念

1. "读者第一、服务至上"理念

我国的图书馆服务理念较晚，从五四运动前后担任北大图书部主任的李大钊提出"现在图书馆已经不是藏书的地方，而为教育的机关"以及随后各大学图书馆的发展，再到 20 世纪五六十年代提出"千方百计为读者服务""一切为了读者""最大限度地满足读者的借阅要求"，20 世纪八九十年代提出"读者至上、服务第一"的口号。这样，一个以"读者第一"为最高理念的进步开放的读者服务观念就基本形成，从而树立起具有行业特色的服务观念。

2. 柯平的图书馆服务的"新五定律"

南开大学的柯平教授结合信息时代图书馆服务的发展要求，对新老五定律的服务精神进行了提炼，他提出了建立图书馆服务的"新五定律"：第一定律是"全心全意地为每一个读者或用户服务"，强调依然要从思想上树立"以读者或用户为中心"的服务理念。第二定律是"服务是'效率、质量与效用'的统一"，强调了服务过程中要注意"效率""质量""效用"三者缺一不可，既要保证质量和效用，又要节省读者花费的时间。第三定律是"提高读者和用户的素养"，强调图书馆应采取各种有效措施，努力提高读者和用户的各方面技能与素养，以保证其能自如获取图书馆提供的各种知识与信息。第四定律是"努力保障知识与信息的自由存取"，强调的是图书馆服务的最高境界和目标。第五定律是"传承人类文化"，强调图书馆服务的长远目的是促进生产力的发展和社会的进步，促进人类文化的发展。

3. 范并思的图书馆学 2.0 五定律

当前，我们面临着新一轮的 Web2.0 所带来的 Lib2.0 浪潮的冲击，面对改变了的新的信息环境，新老五定律又孕育了新的思想内涵。2006 年 3 月，范并思先生在自己的博客上提出了 Lib 2.0 五定律：第一定律是"图书馆提供参与、共享的人性化服务"。指出 Lib2.0 所实现的不仅是要提供人性化的服务，将人文理念自觉地运用于信息技术中，使用户在图书馆服务和利用服务的方式上能够拥有更多的自主权，能够更好地相互分享，而且要创造条件让用户积极地参与。共享与参与的理念已成为图书馆在网络时代存在的基础。这个原则是阮氏的"书是为了用的"在新的网络环境下的应用与拓展。第二定律是"图书馆没有障碍"。它表明人们在使用图书馆时要没有障碍，每个人都可便利地获得他想要的信息。这个原则是与阮氏的第二定律"每个读者有其书"相对应的。第三定律是"图书馆无处不在"。在信息时代只有实现了图书馆无处不在，才能真正体现"每本书有其读者"的精神。第四定律是"无缝的用户体验"。也就是说对用户而言，图书馆提供的资源与服务是一体的，它是网络环境下节省用户时间的最高境界。它是阮氏第四定律"节省读者的时间"在新时期的另一种表述。第五定律是"永

远的 Beta 版"。它体现为图书馆信息资源与信息系统的永续生长,"永远的 Beta 版"的 Web2.0 术语,准确地描述了在网络时代"图书馆是一个生长着的有机体"的时代特征。

可见,范并思的 Lib 2.0 五定律同样强调并深化了图书馆服务是人性化、无障碍的服务,强调用户的参与和协作,注重用户的体验。他指出在 Web2.0 技术的支撑下,以用户为中心、参与、共享、无障碍获取、无缝、高效的服务是图书馆存在的基础,强调了图书馆的服务无处不在。

从以上新老五定律的提出可以看出,服务是贯穿图书馆发展始终的原动力,服务的内涵随着时代的需求不断变更和升华。但无论图书馆如何发展,发展形态如何改变,唯一不变的是图书馆的服务宗旨,服务始终都是第一位的。"以人为本""服务第一"的理念成为图书馆改革和发展的出发点和归宿,成为现代图书馆服务的最高理念。

第三节　图书馆服务的特点和内容

一、图书馆服务的特点

随着社会与科技水平的发展及计算机和网络快速普及,图书馆的服务呈现出新的特点,其主要有:

(一)服务虚拟化

随着现代信息网络技术的广泛应用,建立在虚拟馆藏资源和虚拟信息系统机制上的新型信息服务模式逐渐形成。这种虚拟化的服务彻底改变了以文献信息资源为主线的传统图书馆服务模式。图书馆的服务始终处于一个动态和虚拟的信息环境中。通过网络传输,图书馆既可以利用自有或自建的数字化馆藏资源,又可以利用电子邮件资源、网络新闻资源、FTP 资源、WWW 资源、Gopher 资源等多种互联网资源,这种无形的、即时的虚拟化信息服务打破了时空限制,使得图书馆为读者提供无所不在的信息服务成为可能。因此,服务虚拟化包括服务资源的虚拟化(即信息资源的数字化、虚拟化)和服务方式的虚拟化(即由面对面的阵地服务转变为面向虚拟读者、虚拟环境的服务)。其实质是图书馆由向具体人群提供实体文献服务,转变为向非具体化读者提供虚拟的数字服务。

（二）文献多样化

随着数字资源的急剧增长，图书馆为读者服务的文献信息资源已呈现出印刷型文献与联机数据库、电子出版物、网络化信息资源并重的格局。信息载体多样化的发展打破了纸质文献一统天下的格局，也改变着读者利用文献的习惯与观念。读者对信息载体的需求已不再只是局限于印刷型文献，单一的纸质文献及其传递方式已不能满足读者多元化的信息需求，读者的信息需求越来越多地转向各种类型的数字资源。同时，以现代视频技术为手段而大量涌现的数字视频信息资源，也为人们获取丰富的多媒体信息创造了条件。因此，文献多样化使得图书馆在文献保存、信息交流和教育的基础上，极大地拓展了服务空间，信息服务保障能力得到了极大提升。

（三）信息共享化

由于网络及各种信息技术的广泛应用，图书馆信息服务的观念发生了巨大变化，人们逐渐从习惯于依靠自己所熟悉的一个图书馆获取信息服务，走向依靠图书馆联盟乃至基于共享技术整合在一起的泛在云图书馆获取信息资源。现代图书馆不再是一个个孤立存在的信息实体，而是整个社会信息网络的一个个节点。图书馆之间的信息共享服务有了越来越大的空间和自由，其交互需求与作用也越来越大。共享思想与共享技术使信息资源共享服务从来没有像现在这样成为现代图书馆服务不可或缺的有机组成部分，从而使真正意义上的信息资源共享成为图书馆服务的重要特征。

（四）需求个性化

随着经济社会发展对信息需求的深度和广度日益提高，读者对信息的个性化服务需求越来越突出。而图书馆通过专业馆员队伍素质的提升、现代信息技术的广泛应用以及信息综合保障能力的快速提高，为读者提供定制化、自助性、全天候的个性化服务，已成为现代图书馆读者服务工作发展的主要方向。在这样的服务过程中，读者的自主性得到发展，个性得到满足。这种个性化的服务正逐渐成为图书馆界追求的服务新理念。

（五）交流互动化

图书馆借助网络与通信技术与读者建立了十分便捷有效的交流关系。一方面，图书馆可以及时、准确地掌握读者的信息需求动态；另一方面，读者也可以自由地向图书馆表达具体的信息需求。图书馆根据读者的信息需求进行有目的的搜索、过滤、加工、整理，形成信息集合，以多种途径与形式主动发送到用户终端，满足读者的信息需求。读者则足不出户就可直接、快捷地从图书馆获取自己所需的信息，减少了操作的盲目性；同时，读者还可以把个人的文献资源通过信息共享空间等渠道上传后提供给图书馆和其他读者，使图书馆与读者双方建立起通畅的互动交流机制。

（六）服务多元化

图书馆通过计算机技术、远程通信技术和网络信息处理技术有机结合建立的网络服务平台，从根本上改变了图书馆的信息资源开发、组织和控制调度状况，使读者可以方便地按主体客观需求在网络环境下集中获取所需信息，即在网络中将各类信息获取方式融为一体，实现信息交流、查询、获取、阅读和发布的一站式集成化服务。在空间上，用户不仅可以在图书馆享受比以往任何时候都优越的读者服务，更可以不用亲自到图书馆，在家里或其他任何有网络的地方通过注册就可进入图书馆网页，查阅信息资源，变远距离为近距离，跨越空间的界限；在时间上，读者可以在任何时间通过有线或无线网络访问图书馆，也可以在同一个时间段内同时检索和借阅注册过的多家图书馆的资源，通过搜索、筛选，方便快捷地获得他认为最需要、最合适的信息资源。图书馆服务呈现出多元化、立体化、全天候的特征。

二、图书馆服务的内容

在图书馆的各项业务工作中，围绕服务形成了一个内容丰富的完整工作体系，主要包括以下五个方面：

（一）研究读者

研究读者是开展图书馆服务工作的重要内容和前提条件，它包括研究读者的文献需求和阅读规律两个主要方面。读者是图书馆的基本组成要素之一，是图书馆得以存在的根本。读者对图书馆的文献信息需求和利用规律，最直接、最具体地体现了社会的需要，它是图书馆赖以生存的土壤，也是图书馆一切工作的出发点和归宿。

开展读者研究有助于从总体上把握读者阅读需求的特点和规律，提高图书馆服务的针对性，并对读者动机加以正确引导，不断改善和拓展图书馆服务的针对性，并对读者阅读动机加以正确引导，不断改善和拓展读者服务的方式和服务领域，提高图书馆服务工作的质量与水平。

1. 读者的文献需求研究

研究读者的文献需求就是对不同层次的读者在阅读需要、阅读目的、阅读过程中的特点及其规律进行研究。一般来说，不同层次的读者对信息资源的需求不同，读者在不同时期所需要的信息资源不同，其阅读的目的也不完全相同。因此，现代图书馆还需要特别关注读者阅读的目的。此外，现代图书馆还需要特别关注读者对不同类型文献的需求差异、不同渠道获取信息的差异，以及不同信息环境下的文献需求差异。

2.读者的阅读规律研究

这方面的研究可以从两方面着手：一方面，对读者心理及行为规律进行研究，即对读者在鉴别、提取、利用信息过程中的行为习惯和阅读规律进行研究，它既包括阅读动机、阅读兴趣、阅读能力和阅读习惯的研究，也包括对读者对文献的选择行为和文献获取行为的分析、对读者使用各类型信息资源特点的研究、读者阅读效果的评估等。另一方面，要对读者信息素养及信息意识进行研究，包括社会的发展与变化对读者文献需求意识的影响、社会环境与读者需求结构的关系等。

（二）组织读者

组织读者是图书馆为实现服务和管理目标而围绕服务工作实施的管理措施。它的主要任务是读者队伍的组织与发展，包括确定读者服务范围与服务重点、制定读者发展规划与计划、定期发展与登记读者、划分读者类型、掌握读者动态、组织与调整读者队伍等内容。

组织读者应根据图书馆的任务变化和环境变化，不断研究和掌握读者变化而展开。只有把握住读者的阅读规律，掌握读者的阅读需求，才能使图书馆服务不断与读者的需求相适应，使图书馆服务管理方式的变革与读者需求的变化同步，才能找出提高图书馆服务工作和管理工作水平的方法和途径。

发展读者队伍是组织读者工作的一项重要内容。拥有规模化的读者群体是图书馆一切工作的前提，只有拥有了广泛而确定的大量读者，图书馆的资源建设、服务管理才会有明确的目标，才能通过大量的高水平服务实现图书馆的社会价值。

不同类型图书馆发展读者的重点和发展方式有很大差别。高校图书馆是主要为本校人员服务的信息机构，因此，高校图书馆的读者成分比较单一，主体是本校的师生员工，其读者的确定和发展通常可通过读者账户注册实现。学校的教职员工只要进行简单的读者登记，由图书馆发放标明其基本身份信息的借阅证就可以成为图书馆的正式读者。研究单位、机构等图书馆的读者发展方式大体与高校图书馆类似。而公共图书馆是面向某个行政区域内所有公众的，因此，公共图书馆的服务对象十分广泛，读者的构成也比较复杂，需要在有服务需求的个人或团体向图书馆提出注册请求的基础上，由图书馆根据办馆的方针、任务、规模和条件以及读者的阅读需求特点等确定是否授予申请者享受本图书馆的权限。只有符合本馆读者发展条件的申请者才能通过注册成为正式读者。

受读者文化层次、信息需求、年龄、职业、工作任务等各种因素的影响，不同类型的读者对图书馆服务的期望和要求存在很大差别。并且由于图书馆的主要任务不同，资源、人员、环境和经费也很有限，图书馆需要在研究读者的基础上，通过制定针对不同类别读者使用图书馆的权限规则，以及读者管理系统的身份认证与权限管理，将庞大的读者群划分为在某些方面具有需求共性、使用行为共性的读者群体，从而在普遍服务的基础上实现针对不同需求的差别化服务。

读者发展、细分、管理的成果一般都通过图书馆的读者注册与身份认证管理系统固化下来。这既是研究读者、了解读者的重要资料，也是图书馆开展一切工作的基础数据，更是评价图书馆绩效、制定发展规划、进行服务与管理改革的重要基础。

（三）组织服务

充分利用图书馆的各种资源，在深入研究和准确掌握读者需求的基础上，通过组织开展多层次、多角度的全方位服务，最大限度地满足读者的文献信息需求，是图书馆服务工作的中心环节，也是图书馆实现社会价值和最终服务目标的重要手段和方式。

图书馆服务是图书馆各项工作的外在表现形式，也是图书馆中最具活力、最富创造性的工作。组织服务工作的主要内容包括优化读者服务方式、扩大读者服务范围、增加读者服务内容和提高读者服务水平等几个方面。一个图书馆以何种方式服务于读者，主要取决于本馆的性质、规模和读者需求，而且还要随着图书馆的发展和读者需求的变化而不断变化。

图书馆的传统服务方式是根据读者的实际需求，利用馆藏资源、馆舍设备以及环境条件，有区分地开展各项服务活动，其中包括文献查询、外借服务、阅览服务、复制服务、咨询服务、检索服务、定题服务、编译服务、报道服务、展览服务、情报服务等。由于读者需求具有广泛性、多样性和复杂性，几乎所有图书馆都根据自身特点，以这些服务方式为基础，组织建立起多类型、多级别的综合服务体系，以有效地满足各类读者对文献的不同层次需求，帮助读者解决在学习、研究、工作中选择书刊、查询资料以及获取知识信息方面的各种具体问题。

随着网络的普及和计算机技术在图书馆中的广泛应用，现代图书馆的服务方式由传统的服务转向了现代化数字图书馆服务。因此，充分利用网络为读者提供服务已经成为现代图书馆的服务方向。这方面的服务包括资源检索、全文浏览、文献下载、自助借阅、虚拟参考咨询、网上读者调查、资源导航、特色数据库、移动阅读、用户文件上传与共享、个人学习空间、用户意见征集与实时交流等。

总之，图书馆服务的组织应根据本馆的具体情况和社会发展水平来决定，总的要求是用最少的投入，在最短的时间内，为最多的读者提供最好的信息资源。

（四）宣传辅导

读者宣传辅导工作是图书馆教育职能的体现。它包括读者宣传、读者辅导以及读者培训三个方面的内容。

1. 读者宣传

读者宣传是图书馆对读者进行科学管理的基本手段之一。宣传的目的是在研究和了解读者阅读需要的基础上，主动向读者揭示、推荐信息资源的形式与内容，宣传先进思想、科学知识、职业技术以及广泛的文化信息，通过多种形式，把读者最关切和最需要的信息及时展现在读者的面前，吸引读者利用图书馆的各种资源和服务，使图书馆的资源得到最大限度的使用。

2. 读者辅导

读者辅导是指针对不同读者的具体情况，有区别地为读者答疑解惑、排忧解难。读者辅导需要图书馆员充分掌握信息资源的特点，熟悉图书馆各项服务流程，了解读者行为习惯和信息需求心理，在读者熟悉图书馆各项服务流程，了解读者行为习惯和信息需求心理，在读者使用图书馆各项服务的过程中，积极影响读者选择阅读范围，引导他们应该正确地选择信息资源内容，帮助他们学会利用信息资源和图书馆，有针对性地为每位读者提供帮助和信息技能指导，以促进读者更好地获得知识，提高阅读能力及阅读效果。

3. 读者培训

读者培训是指根据不同读者群体的共性需求，通过开展讲座、参观、课堂教学等多种方式，帮助某一读者群体提高使用图书馆及其资源的技能，提高图书馆资源的利用率。培训读者主要从两个方面入手：一是培养读者的情报意识，激发他们利用图书馆的欲望，使他们自觉地认识到图书馆是自己的良师益友，是终身学习的场所；二是提高读者利用图书馆和检索情报的技能，帮助他们学会利用图书馆及其资源，充分发挥图书馆的教育职能和情报职能，吸引更多的读者开发和利用图书馆资源。

（五）服务管理

服务管理是指对图书馆读者工作部门的业务活动进行科学的组织管理，包括读者服务对象管理、读者服务人员管理、读者服务设施管理三个方面。它具体包括制定有关读者发展的政策和计划、服务机构设置、岗位设置、人员配置、明确岗位责任、建立健全各种规章制度、人员分工与业务流程设计优化、合理组织藏书、改进服务手段、采用先进的设备与技术手段、完善服务体制等工作。服务管理为读者创造良好的环境和条件，方便读者有效利用图书馆资源，保证图书馆服务工作健康地发展。

这五个方面的内容相互制约、相互作用，缺一不可。其中，组织与研究读者是开展一切读者服务工作的前提条件和基础；科学组织各项服务工作，构建层次分明、体系完整、灵活多样、富有生机的读者服务工作体系，是实现读者服务工作目标，体现图书馆社会价值的根本保障；组织各项宣传辅导活动，开展卓有成效的读者教育是提高读者素质、增强信息能力，从而提高读者服务工作成效，充分发挥图书馆效能的有效途径；加强图书馆服务管理，是顺利开展读者服务工作，有效实现上述任务的制度和组织保障。

第四节　图书馆服务的原则

图书馆服务有着特定的原则及内涵，最大限度地满足读者的信息需求是图书馆一切工作的出发点和归宿，始终把"读者第一、服务至上"作为读者服务工作的宗旨，并遵循以下原则。

一、以人为本的原则

以人为本是图书馆服务的首要原则，也是图书馆精神的精髓，以人为本就是指在图书馆服务中，坚持以满足读者需求为核心，以积极的服务态度和认真的服务精神，通过各种措施，调动一切力量，为读者充分获取和利用图书馆各种信息资源提供一切方便。以人为本的原则体现了"一切为了读者"的服务思想和全局性的要求，即图书馆的所有文献、所有人员、所有工作都要把为读者服务当作出发点和归宿，并贯穿于一切服务过程之中。以人为本主要体现在下面几个方面：

1. 从方便读者出发

从本质上说，尽可能减少对读者的限制，是方便读者不可或缺的重要方面。围绕图书馆服务所建立的一系列规章制度和管理办法都是为了维护大多数读者的利益，不应成为读者使用图书馆的障碍。但是，在实际工作过程中，图书馆往往会有意无意地以方便管理为出发点，制定一些限制读者、限制使用、忽视读者方便性的管理措施，这样就必然会给读者造成种种不便。图书馆应当根据客观情况的变化及时地调整和完善规章制度，协调好图书馆、工作人员、读者三方面的关系，既要方便读者，又要在科学管理的基础上，真正使图书馆的服务与管理体系以保护大多数读者的利益为出发点，保证图书馆的服务健康有序地发展。

2. 建立科学合理的馆藏组织与揭示体系

经过日积月累，图书馆的馆藏越来越多，内容和形式都较复杂，只有对馆藏进行科学的组织与布局，并通过多功能的目录检索体系指引读者查找文献，才能够使各种类型的读者方便且及时地获得所需文献资源，便于工作人员的管理，提高服务效率和服务质量。在图书馆的资源组织过程中，一方面要全面收集和充分揭示文献信息资源，另一方面要按照读者需求组织资源。为有利于读者快、精、准地检索和获得所需要的文献，图书馆应按照科学方法将馆藏文献、网络文献以及可以共享的一切文献构建成一个有序化的资源体系，建立合理的布局，并通过一站式的统一目录体系加以全面揭示和引导。

3. 建立协调统一的服务体系

在现代图书馆,服务与管理都已广泛实现了网络化、自动化,大大缩短了读者查找、获得信息资源的时间,为读者使用图书馆创造了便利条件。图书馆应充分利用现代管理手段,建立科学合理的服务体系,主动采取多种服务方式为读者服务,体现以人为本的服务原则。

二、平等原则

平等原则是图书馆信息服务最基本的原则,是现代图书馆服务的基本方向,它主要体现在两个方面:

1. 平等享有权利

平等意味着无贵贱之分,无高低(身份)之别,无特权之规定。"图书馆面前人人平等"是图书馆界的"人权宣言"。联合国教科文组织与国际图联1972年公布的《公共图书馆宣言》中早就写明:"公共图书馆的大门需向社会上所有成员开放。"1994年国际图联起草的《联合国教科文组织公共图书馆宣言》(修订版)指出:"每一个人都有平等享受公共图书馆服务的权利,而不受年龄、种族、性别、宗教信仰、国籍、语言或社会地位的限制,向所有的人提供平等服务。"平等原则强调的是图书馆要尊重、关爱每一个用户,坚决维护用户的合法权利。用户的合法权利包括:平等享有取得用户资格的权利;平等享有阅读的权利;平等享有个人人格和隐私不受侵犯的权利;平等享有提出咨询问题的权利;平等享有参与和监督图书馆管理的权利;平等享有遵守图书馆规章制度的权利和义务;平等享有提出合理化建议的权利;平等享有接受安全、卫生等辅助性服务的权利;平等享有对图书馆工作进行评价的权利;平等享有自己的合法权益受到侵害时提出改进、道歉赔偿或诉讼的权利。图书馆是通过文献信息资源的传播来保障公众"认识权利"实现的机构,"读者的权利不可侵犯"应成为所有图书馆人铭记的职业信条。

2. 平等享有机会

平等享有机会也就是说图书馆除了应该保障用户平等使用图书馆的权利,还应该为所有图书馆用户提供平等使用图书馆的机会,不应有任何用户歧视。1994年国际图联起草的《联合国教科文组织公共图书馆宣言》(修订版)也强调:"必须向由于种种原因不能使用其正常服务和资料的人,如语言上处于少数的人、残疾人或住院病人及在押犯人等提供特殊的服务和资料。"它清楚地表明,图书馆服务的平等不仅要求形式上的平等,更要求实质上的平等,要对弱势群体,如阅读能力较低的人、残疾人、犯人或不会使用现代化信息技术获取信息的用户,给予特别关注和提供特种服务,弥补用户自身能力的客观差异，维护和保障社会弱势群体利用图书馆和享用信息资源的权利。

可以说，没有平等就没有人文关怀可言。贯彻平等的原则就要做到使信息资源尽量接近用户，方便用户使用；为用户提供相对宽松和自由的利用环境，消除用户利用图书馆的各种障碍，做到信息资源占有和利用的平衡；尊重用户自主查询和利用各种信息资源的权利，坚持守密原则，不禁锢思想，不窥探用户的个人隐私，尽量为他们个性化的信息需求提供帮助。

三、开放原则

开放原则是图书馆服务的基本原则。开放是服务的前提，没有开放便没有服务。开放服务是图书馆适应时代发展的必然趋势，是现代图书馆服务的重要特征。它包括资源开放、时间开放、人员开放和管理开放，是一种全方位的开放。首先，要将图书馆的所有馆藏资源、设施资源和人力资源都向用户开放。通过实施开架借阅、加强图书宣传、健全检索体系等手段来全面揭示馆藏，使所有馆藏全部向读者开放并充分获得利用。要争取馆与馆之间相互开放资源，实现资源共享。其次，要最大限度延长读者利用图书馆的时间，尽量做到节假日不闭馆，从而保证开馆时间的完整性和连续性。而对于虚拟图书馆，则要求提供 7×24 小时的服务。再次，图书馆要向所有人开放，不论其国籍、种族、年龄、地位等。图书馆不仅是社会文化教育中心，也是一个人们可以相互交流、休闲、娱乐的场所，是具有综合功能的社会文化中心，每个人都应享受利用图书馆的权利。最后，图书馆应建立用户参与管理、参与决策的机制，如设立"用户监督委员会"之类的非常设机构，公布"馆长信箱"、设立"读者意见箱"等，认真听取用户对图书馆服务的意见、建议，接受他们对图书馆服务工作的监督，并在可能的情况下让读者直接参与决策过程，将反馈结果向全部用户开放。图书馆要重视用户的评价，查找差距，改进工作，以此促进图书馆服务工作顺利开展。

四、方便原则

为服务对象提供方便，是任何一种服务都要追求的目标，图书馆也是通过服务来发挥其功能的。方便原则体现的是现代图书馆服务的内在品质，是图书馆业务的目标和工作努力的方向。实践表明，用户在决定是否选择和利用信息时，可获得性和易用性往往超过信息本身的价值。因此，图书馆在开展信息服务时，应为用户的信息获取和信息使用提供最大的便利，创造文献与人的和谐关系。例如，实行开架借阅，最大限度地拉近读者与资源之间的距离；文献标引准确、规范，排架合理，为读者方便快捷地接近、利用实体馆藏创造条件；资源检索一站式，力争一索即得；建筑格局采用大开间、灵活隔断的开放式模式；导引标识简明易认，一目了然；人机交互界面友好，操作呈"傻瓜"化；尽量减少读者寻找书刊、排队等候、往返楼层等无效劳动，提高效率；信息检索与参考咨询网络化；服务设施无障碍、人性化；服务方式灵活多样；简化办证手续、扩大读者范围；保证开馆时间；开展自助借还、送书上门服务等。总之，要面面俱到从细微处方便用户，一切以方便用户为目的来开展图书馆的各项工作，让用户感到方便无处不在。

五、满意服务原则

满意服务原则是图书馆服务诸原则中的核心原则。用户是否满意且其程度如何，是衡量图书馆服务质量的最终标准。用户对图书馆服务是否满意，实际上就是用户对图书馆的文献资源、工作人员、服务方式和环境设施等要素的预先期望与其实际感受的对比。如果按照现代企业管理的CS（Customer Satisfaction）理论，图书馆服务的满意原则将包括服务理念的满意、服务行为的满意和服务视觉的满意三个方面。服务理念的满意，是图书馆的办馆宗旨、管理策略等带给用户的心理满足感。服务行为的满意，是图书馆的行为状况带给用户的心理满足状态，如图书馆的各项业务建设、规章制度、服务项目、服务态度、服务能力、服务效果等，是图书馆理念满意思想的外部表现形式。服务视觉的满意，是图书馆所具有的各种可视性的显在形象带给用户的心理满意状态，是图书馆理念的视觉化形式。它不仅包括对图书馆的环境、氛围、设施设备性能的满意，也包括对图书馆及其相关工作人员职业与业务形象的满意。坚持满意服务原则，除了要坚持"一切为了读者"，积极采取多种措施、开辟多种渠道，多层次、多形式满足用户需求外，还要建立起不同层次的评价指标，分别从不同的角度进行评价以准确反映用户的满意程度，不断完善图书馆的服务工作。

六、特色服务原则

图书馆由于工作性质、任务、服务对象和地域的不同，在信息资源的搜集与建设、服务的方式、管理等方面，呈现出各自独特的内容或风格，显示出不同的特色。特色服务主要以特色信息资源为基础，是专业性、专题性或专指性的服务，是有针对性地满足特定用户的特殊需要的重要手段。在网络信息资源极大丰富的今天，用户的信息需求更加趋向微观化和个性化，他们需要的是个性化的、特色化的、专业化的文献信息。因此，信息服务要有针对性和特色性，多层次、多角度地满足用户的需求。没有特色，图书馆就难以在各种各样的信息机构中生存和发展。图书馆只有独树一帜，树立品牌特色服务，才能吸引更多的用户，得到更好的发展。

七、创新服务原则

阮冈纳赞的《图书馆学五定律》的第五定律提出"图书馆是一个生长着的有机体"。这就意味着图书馆所收藏的文献信息、用户的信息需求、服务技术以及馆员的业务能力和业务水平都是在不断增长、不断变化着的，而图书馆正是在这种不断变化与创新的背景中发展起来的。要创新，首先要树立创新意识，确立主动化、优质化、品牌化、专业化的服务理念。具体体现在：服务中要想方设法贴近用户，处处为用户着想，为他们提供尽可能的方便；讲究"精、快、广、准"的服务质量，满足用户求新、求快、求便捷的心理；通过特色馆藏、特色服务、特色活动、特色环境等突出本馆服务特色，建立图书馆特有的品牌服务；建立一系列严格的业务规范与规则，凸显图书馆服务的专业化。其次，要创新服务内容。如在信息服务方面，要努力从文献提供服务向知识提供服务转变；加大参考咨询特别是网上虚拟参考服务的力度；增加网上信息导航；开展个性化信息服务；充分利用各种资源，开展形式多样的读者活动等。最后，要创新服务方法。例如，改变以往单一的馆藏文献借阅服务模式，利用现代网络平台，提供多种数据库服务、知识库服务以及各种在线或离线信息服务和主动推送服务、虚拟参考咨询服务、网络呼叫、智能代理服务等。

八、资源共享原则

随着社会的进步和科学技术的飞速发展，文献出版数量剧增，各种信息大量涌现。任何图书馆没有必要，也没有经费去全面搜集、存储各种信息资源。但面对用户日益增长和不断扩大的信息需求，图书馆只有树立资源共享的观念，走资源共享的道路，变"一馆之藏"为"多馆之藏"，才能减轻单个图书馆的负担，既能最大限度地满足用户对知识、信息的需求，又能充分发挥馆藏文献信息资源的作用。资源共享将有力促进人类知识的继承和发扬，实现人类的共同进步和发展。为此，不同系统、不同级次的图书馆要积极地加强图书馆之间的联合和合作，加强信息资源的共知、共建、共享，从而极大地提高图书馆事业在社会中的地位和发挥其知识宝库的重要作用。

第五节　图书馆服务的发展趋势

一、图书馆服务的发展

图书馆服务是读者工作或读者服务的发展，是超越传统的读者工作或用户服务范畴的一个概念。图书馆服务是为满足读者和社会需求，利用图书馆的文献信息及其他各种资源，实现图书馆使用价值的全部活动。这一概念包括了三个要素，首先是对象，即读者与社会；其次是内容，即利用图书馆资源；最后是目标，即实现图书馆的使用价值。图书馆服务的外延是基于内涵形成的，是不断发展变化的，可以从多个角度去进行分析。

从服务对象看，图书馆服务有读者服务、用户服务和社会服务。

读者服务确立的读者概念与阅读行为有关，读者服务离不开文献、阅读设备和阅读空间。用户服务突破了图书馆以借阅证限制读者。特别是网络环境下的图书馆服务，点击图书馆网站，利用图书馆的网上资源，对用户具有现实的意义。社会服务就是拓展图书馆的社会教育功能，提高公民素质，以满足社会的需求。

从服务资源的层次看，图书馆服务有文献服务、信息服务和知识服务。

文献服务利用图书馆的基本资源开展多种服务，如期刊服务、专利服务、学位论文服务等。信息服务比文献服务更上了一个层次，主要体现在运用信息技术和信息资源，如 OPAC、数据库检索、信息咨询等。知识服务是更高水平的服务，是运用知识和智慧开展的服务，如学科馆员服务、查新服务等。

从服务手段看，图书馆服务有手工服务、计算机辅助服务、数字图书馆服务等。

随着"My Library"个人图书馆服务的产生，自助服务和自我服务逐渐成为一种趋势。技术的发展推动服务形式和功能的拓展，新的服务不断出现，以紧跟时代的发展步伐。

从服务历史看，图书馆服务有传统图书馆服务和现代图书馆服务。

传统图书馆服务是以馆藏文献为依托，以借阅活动为核心，面向有限读者的服务。现代图书馆服务则是以图书馆资源为依托，以文献信息服务为核心，面向所有用户的服务。如果说，传统图书馆服务主要是以图书馆建筑为坐标的有形化服务，现代图书馆服务则是以知识资源为坐标的图书馆物理空间和虚拟空间的复合型服务。

二、图书馆服务的发展规律

依据图书馆服务的构成要素和图书馆的历史演变来看，图书馆服务具有以下发展规律：

1. 服务对象扩展

图书馆的服务对象经历了一个从严禁到限制到部分开放到全面开放的过程。在我国，新中国成立前因为能够对外开放的图书馆数量和藏书极其有限，加上广大工农群众中文盲占大多数，图书馆实际上只能为少数达官贵人和有文化者服务，是完完全全的"精英服务"。新中国成立后一直到20世纪80年代后期，虽然通过开展扫盲运动，普及教育，广大人民群众的科学文化水平逐步提高，图书馆服务对象扩展到了全民族各个阶层，但服务对象还是会受地域、身份等方面限制，读者必须持有关证件进馆，办理借书证须单位证明本地户口。到了20世纪90年代，由于人们文献信息需求的增加，它影响了图书馆事业的发展，特别是公共图书馆事业的发展，如今公共图书馆已面向全社会开放，社会成员可以不受地域、身份等方面的限制，可以就近享受图书馆服务。目前许多图书馆都免费向所有居民开放，任何人都可以免证件进馆阅览书刊，无论是本地居民还是外来劳务工，只要持本人身份证就可以办理借书证，免费借阅图书馆的书刊资料。

2. 服务内容增加

由于人类信息需求的扩大，图书馆的服务内容也在相应增加。古代图书馆只是为皇朝政事提供参考、为公私著述提供资料，近代图书馆则主要是阅览服务。现代图书馆除了为用户提供借阅服务、参考咨询、文献情报检索等服务，还为他们提供网络服务，包括全文检索、多媒体检索服务、网络检索服务、网络咨询服务，以及查新咨询服务、休闲娱乐服务等；不仅提供传统印刷型文献资料，还同时提供数字化的文献信息。服务功能的多样化已使图书馆不再只是单纯的文献收藏中心，而且同时是社会教育的基地、信息传播中心和民众休闲娱乐的重要场所。

3. 服务手段提高

20世纪60年代以前，图书馆各项工作都处于手工操作阶段，图书馆服务效率低下。20世纪70年代以来，随着计算机技术在图书馆的应用，图书馆内部管理逐渐实现了自动化，图书馆服务效率也有了显著提高，机读目录的出现为用户提供了更多的检索途径，流通自动化简化了用户的借、还手续。20世纪90年代以后，随着互联网技术的发展，图书馆服务实现了网络化。通过互联网，用户可以端坐在家里就可以轻松享受图书馆服务，阅读图书馆数字化的文献资料，并下载自己所需要的信息。图书馆则可以利用互联网建立虚拟馆藏，共享他馆及其他信息机构的信息资源，为用户提供信息服务。

4. 服务方式进化

随着社会的进步和发展,人类的信息需求日趋增加,图书馆的服务方式也有了巨大变化。古代图书馆,由于馆藏信息资源数量、管理手段及信息需求等方面的限制,图书馆一般仅提供室内阅览服务。到近代,图书馆馆藏文献数量才有了显著增长,人类文献需求趋于大众化,图书馆除了提供馆内阅览服务,亦向读者提供文献闭架式外借服务。到了现代,随着科学技术的飞速发展,文献信息资源急剧增长,人类的信息需求日趋多样化,封闭式服务已不能满足他们的需要,图书馆需逐步实现了开放式服务,实现了借、藏、阅一体化,极大地方便了用户利用文献信息资源,也提高了文献信息资源的利用率,最大限度地发挥了资源的效用。随着互联网的发展,图书馆服务已不再局限于图书馆内服务。通过互联网,图书馆可以提供网上阅读、全文信息传输等多种服务,及时快捷地满足社会大众的文献信息需求。同时,图书馆服务已不再局限于只是提供纯文献信息,而是提供多种功能、多种形式的社会化服务。

第三章 图书馆服务体系

图书馆服务体系是由诸多服务体系构成的多功能、多层次的有机整体。这个体系包括文献外借服务、馆内阅览服务、馆外借阅服务、参考咨询服务、用户教育服务等，各种服务都有其相对独立的功能、效果和适用范围。而作为整个服务方法体系的组成部分，各种服务之间是相互联系、相互补充、相互渗透、紧密结合的。

第一节 图书馆的信息资源体系

一、信息资源体系

（一）信息资源体系

信息资源体系是指信息资源各要素之间相互联系、相互作用而形成的具有特定功能的有机系统。它是指一定范围内，经过布局、搜集、整理、保存并提供有用的所有信息资源的集合。面向用户的资源与服务整合是根据一定的需要，对各个相对独立的信息资源系统中的数据对象、功能结构进行融合、类聚和重组，重新结合为一个新的有机整体，形成一个效能更好、效率更高的信息资源体系，从而保证信息资源更好地被利用。这包含三方面内容：一是将内部信息资源和外部信息资源进行有机融合；二是构成一个高效合理的信息资源体系；三是实现信息资源的整体利用价值。加强信息资源体系建设应从两方面入手：一是应当保证各图书馆每年都能入藏一定数量的各具特色的信息资源；二是通过信息资源整体建设，建立起能在一定范围内有效地保障社会信息需求的信息资源系统，称之为信息资源保障体系。

（二）信息资源体系规划

信息资源体系规划就是根据信息资源体系的功能要求，来设计这个体系的微观结构和宏观结构。

在微观层次上，就是每一个具体的图书馆根据本馆的性质、任务和读者对象的需求，确定信息资源建设原则、资源收集的范围、重点和采集标准，并提出本馆信息资源构成的基本模式。在此基础上，制订信息资源建设计划，安排各类型信息资源的数量、比例、层次级别，形成有内在联系和特定功能的信息资源结构，建立有重点、有特色的专门化的信息资源体系。微观规划在时间上表现为短期规划，包括年度计划、季度计划等，是信息资源建设的具体实施计划。

宏观层次上的信息资源体系规划就是从一个系统、一个地区乃至全国的整体出发，对信息资源建设进行统筹规划、合理布局，制定各种类型的图书馆及各类型信息机构之间在信息资源的收集、组织、存储、书目报道、传递利用等方面的协调与合作规划，从而形成相互依存、相互联系的整体化、综合化的信息资源体系。它通常会受到各种内外环境：如政治、经济、文化以及各馆已经形成的馆藏体系、服务对象等诸多因素的影响。宏观规划又分为总体规划和长期规划。总体规划指一个图书馆对本馆信息资源建设的总方向、指导思想、最终目标等所做的构想与规定，解决信息资源建设中带有根本性、全局性和长远性的大问题。长期规划，通常有三年规划、五年规划等，主要用于确定规划期内信息资源建设的发展目标、任务及实现的途径和结果。

二、信息资源建设

（一）信息资源建设的定义

目前，学术界对信息资源建设概念的理解还不完全一致，主要有以下两种理解。

1. 情报学界对信息资源建设概念的理解

情报学界在图书馆界提出文献资源和文献资源建设概念之前，就已经对信息资源、信息资源建设的一些问题展开了讨论。随着20世纪80年代中期国外信息资源管理理论进入国内及我国正式与国际互联网接轨，信息资源建设就成了情报学理论界的研究内容及信息机构的工作内容。

1995年3月21日，国家计委、国家科委与国家信息中心联合下发了《关于开展全国信息资源调查的通知》，对全国数据库和电子信息网络资源进行调查。1997年4月28日，国家科委又下发了《国家科委关于加强信息资源建设的若干意见》，该文件将数据库建设确定为信息资源建设的重点。从上述这些文件中可以看出，情报学界所说的信息资源建设主要是指网络信息资源建设，即数据库的建设。

2. 图书馆界对信息资源建设概念的理解

图书馆界认为，信息资源是经过人类采集、开发并组织的各种媒介信息的有机集合。也就是说信息资源既包括纸品型的文献信息资源，又包括非纸品的数字信息资源。

所谓信息资源建设是指图书馆根据其性质、任务和用户要求，有计划地有系统地规划、选择、收集、组织各种信息资源，建设具有特定功能的信息资源体系的整个过程和全部活动。

目前，信息资源建设已经成为图书馆界、情报界和其他信息工作领域普遍接受并广泛使用的概念。它与文献资源建设相比较，其内涵与外延更为广泛。因此，应将情报学界与图书馆界关于信息资源的不同理解加以整合，信息资源建设应该包括（传统型）文献信息资源建设和数字信息资源建设这两部分。因为只有将（传统型）文献信息资源建设和数字信息资源建设都包含进去，才能形成一个完整的信息资源建设概念，才是对信息资源建设含义的完整而准确的理解。

（二）信息资源建设的主要内容

信息资源建设是人们对处于无序状态的各种类型的信息进行搜集、选择、加工、组织和开发利用等活动，使各种信息资源形成可利用的资源体系的全过程。其研究内容主要包括以下几个方面：

1. 信息资源的体系规划

信息资源体系是指信息资源各要素之间相互联系、相互作用而形成的具有特定功能的有机系统。信息资源体系规划就是根据信息资源体系的功能要求，来设计这个体系的微观与宏观结构。

在微观层次上就是每一个具体的图书馆根据本馆的性质、任务和读者对信息的需要，确定信息资源建设的原则、资源收集的范围、重点和采集标准，提出本馆信息资源构成的基本模式，制定本馆信息资源采集政策，安排各类型信息资源的数量、比例、层次级别。形成有内在联系和特定功能的信息资源体系，使整个文献信息资源形成重点突出、有特色的多元化的信息资源体系。

在宏观层次上，还要与本地区、本系统的文献信息资源建设相适应，与本地区、本系统的图书情报服务机构协作、协调，统筹规划本地区、本系统文献信息资源的收集、组织、存储、书目报道、传递利用，从而形成相互依存、相互联系的整体化、综合化的信息资源体系。

2. 信息资源的选择与采集

根据已经确定的信息资源体系的基本模式，通过各种途径，选择与采集信息资源，建立并充实馆藏，信息资源的选择与采集是信息资源建设的基础工作。信息资源的选择与采集工作包括以下几个方面：

（1）印刷型文献的选择与采集

根据既定的信息资源选择与采集的原则、范围、重点、复本标准、书刊比例等，通过各种渠道和各种方式，采集所需要的文献，并不断丰富实体馆藏资源。

（2）电子出版物的选择与采集

这里所说的电子出版物是指以实体形式存在的、单机或在局域网络中镜像存储使用而非网络传递的电子信息资源。图书馆要根据读者需求、电子出版物本身的质量、电子出版物与本馆其他类型出版物的协调互补、电子出版物的成本效益等原则进行选择和采集。

（3）网络信息资源的选择与采集

网络信息资源包括付费订购使用的数据库、免费使用的网页信息资源等，网络数据库是图书馆通过签约付费，可远程登录、在线利用的电子信息资源。国内外许多数据库生产商或数据库服务集成提供商已开发出各种文献数据库，直接购买这些产品或服务，这也是信息资源选择与采集的重要内容。

3. 馆藏资源数字化与数据库建设

馆藏资源数字化是网络环境下信息资源建设的重要内容之一。因为只有经过数字化处理的文献才能通过网络为人们所共享。图书馆应通过计算机和大容量的存储技术、全文扫描技术、多媒体技术，将馆藏中有独特价值的印刷型文献转化为扫描版全文电子文献，制成光盘或网上传播。

数据库建设是数字信息资源建设的核心内容。对图书馆来说，数据库建设主要有书目数据库和特色数据库建设。书目数据库是开发图书馆信息资源的基础数据库，也是图书馆实现网络化、自动化的基础；特色数据库是图书馆特色资源的集中反映，是图书馆充分展示其个性，提高其社会影响力和信息服务竞争力的核心资源。图书馆要根据本系统、本地区的社会需求和本馆的技术力量、经费等条件，选择适合的主题，系统地将馆藏资源中的特色文献制作成独具特色的文献数据库或专题数据库，并提供上网利用。

4. 网络信息资源的开发利用

因特网信息资源极为丰富，图书馆对它进行开发组织，就可以使这些分布在全球的网络信息资源成为自己的虚拟馆藏。这种开发和组织就是根据用户的需求与资源建设的需要，搜索、选择、挖掘因特网中的信息资源，并下载到本馆或本地网络之中，通过分类、标引、组织、通过网络或其他方式提供给用户使用，或者链接到图书馆的网页上，如建立因特网信息资源导航库，以方便读者迅速检索到自己感兴趣的有价值的网络信息资源。这种虚拟馆藏对图书馆及各类型信息机构的信息资源建设和信息服务具有重要意义。

5. 信息资源的组织管理

图书馆对本馆已入藏的实体信息资源进行的组织与管理包括：对入藏的文献信息资源进行加工、整序、布局、排列、清点和保护，使信息得到有效利用；对数字化信息资源进行整合，将购买的数据库与自建的数据库有机地集成在一起，对其内容进行充分的展示，实现跨库检索，提供"一站式"服务，使用户能够像利用传统文献一样熟悉和利用数字信息资源。

6. 信息资源共建与共享

信息资源共享是人类社会的崇高理想，是图书馆为之奋斗的最高目标。而信息资源共享的前提是信息资源共建，在新的信息环境中，文献信息数量激增与图书馆有限收藏能力之间的矛盾加剧，信息需求的广泛性和复杂性与图书馆满足需求的能力之间形成巨大的反差。网络环境使信息资源共建共享变得更为必要和迫切，同时也为信息资源共建共享提供了重要的技术支持。

在新的信息环境中，信息资源共建共享的主要内容包括：根据图书馆类型、性质和任务以及本地区文献信息资源现状，通过整体规划明确图书馆之间文献信息资源采集的分工协作，建设相对完备的文献信息资源保障体系；建设完备、方便快捷的书目查询信息网络，实现网络公共查询、联机合作编目、馆际互借、协调采购等功能，建立迅速高效的馆际文献传递系统，达到文献信息资源的共建共享。

7. 信息资源建设的基本理论与方法的研究

信息资源建设是一项复杂的系统工程，它离不开理论的指导。因此，对信息资源建设基本理论和基本方法的研究，是信息资源建设的重要内容之一。其研究的主要内容包括：信息与信息资源以及各种类型信息资源的形成、特点和发展规律；信息资源建设的原则、政策、方法及其实施；信息资源的采集、加工整理、组织管理的技术手段和业务流程；信息资源的选择与评价理论；数字信息资源建设的技术与方式方法；网络信息资源内容开发与数据库建设；信息资源共建共享的理论基础、结构模式、运行机制、保障条件；信息技术在信息资源建设中的应用等有关新观点、新技术、新方法的研究等。

第二节　图书馆的信息服务体系

图书馆信息服务是指在网络环境下图书馆利用计算机、通信和网络等现代技术从事信息采集、处理、存储、传递和提供利用等的一系列活动，其目的是给用户提供所需的分布式异构化数字信息产品和服务，满足信息用户解决现实问题的信息需求。更确切地说，现代图书馆信息服务是对有高度价值的图像、文本、语音、音响、影像、影视、软件和科学数据等数字化多媒体信息进行收集，进行规范性加工，进行高质量保存和管理，实施知识增值，并在广域网上提供跨库链接的数字信息存取服务。同时，它还包括知识产权存取权限、数据安全管理等。而"体系"一词在《辞海》中的含义是"若干有关事物相互联系、相互制约而构成的一个整体"。由此可见，图书馆信息服务体系是指有关利用图书馆信息资源为用户提供信息线索、信息内容、信息服务的组织、制度、方法之整体。

一、图书馆信息服务

（一）图书馆信息服务的特点

图书馆信息服务是一种高效的网络化、数字化信息服务，是现代信息服务的高级形式，它在服务内容、载体形式、服务模式、服务策略与方式等诸多方面都具有区别于传统信息服务的特点。具体表现如下：

1. 服务资源的数字化、虚拟化

信息服务资源数字化，即指信息以计算机可读形式存储；信息服务资源虚拟化，是指信息资源表现出来的只有使用权而无所有权的非占有性。现代图书馆的馆藏不仅包括形式多样的本地实体数字信息资源，而且包括网上大量的分布式的虚拟数字信息资源，其特点是收藏数字化、存储虚拟化。

2. 服务内容的知识性、精品化、多样化

现代图书馆信息服务强调信息资源的开发与利用，为信息用户提供的不仅仅是信息线索及相关文献，更主要的是直接提供所需解决现实问题的知识。信息的精品化源于电子信息量的急剧增长，促使越来越重视用户利用信息的质量和浓度，而不是资料的数量，精品化的信息服务以信息的内在质量为保证，应具有"广、快、精、准、新"等特点，要以高品质的服务满足社会用户需求。同时信息服务的内容是多方面的，几乎包括所有信息资源类型，信息资源的选择呈现出复杂性和多样性。

3. 服务方式多元化、多层次化

现代图书馆是一个开放式资源体系，用户可以在任何一个地方通过终端以联网的方式查找所需信息。同时图书馆进一步扩大了自身对文献信息的收集存储和开发功能，可以随时在网上发布各种文献资源的消息，不断地向用户提供所需的信息和知识，对读者进行"引导"或"导航"。根据用户的不同需求，增设服务项目，推出新的服务产品，其服务方式是主动的、多元的、多层次的。

4. 信息存取网络化、自由化

互联网的真正价值就在于可以通过网络来快速传递信息资源，这就是信息存取的网络化。网络化传播文献信息将成为现代图书馆信息传播的主要手段。它彻底改变了传统的信息提供和获取方式，将分散于不同载体、不同地理位置的信息资源以数字方式存储，通过网络连接，提供即时利用，实现了真正的信息资源共享。在现代图书馆信息服务系统中，大量经过整合的数字化信息资源可以不受时间和空间的限制，在开

放的空间里顺畅、自由地传递。用户可以根据自己的特定需要自由访问那些适合自己的图书馆信息资源。

5. 服务手段网络化

现代图书馆的信息服务与传统的信息服务不同，首先，是信息机构网络化，变单体为组合，多种多样的信息服务机构构成四通八达的信息服务网络。其次，是信息资源网络化，变独享为共享，各信息服务机构致力于开发各种各样的专业数据库并将它们提供上网，汇成信息十分丰富的网络信息资源。最后，是信息服务网络化，变手工服务为网络服务，信息服务人员利用网络信息资源来满足用户资源需求，而且让用户参与信息的收集与研究。

6. 资源利用共享化

以数字化资源为基础，以网络技术为手段，实现跨越时空的资源共知共建共享，是人类实现共知共享全球信息的崇高理想。现代图书馆的资源共享使众多的图书馆能够借助网络获取自身无法具备的数字信息，同时也能够将自身拥有的数据信息提供给网络用户共享，从而尽可能地避免资源重复建设，极大地增加信息资源的拥有量，最终使整个社会的信息获知能力得以提高。

7. 服务环境开放化

在网络出现以前，图书馆建筑实体的围墙实际上界定了图书馆信息服务工作的范围。现代图书馆信息服务环境从封闭式实体馆舍转变到开放式数字空间，计算机网络将现代图书馆置身于广阔的信息空间里，最大限度地拓展了图书馆信息交流与服务的空间，让图书馆真正进入一个共建共享、共同发展的新阶段。

8. 服务范围市场化、社会化

现代图书馆信息服务的范围与用户越来越市场化和社会化。面对市场经济和网络化社会，读者利用图书馆，不再限于单纯利用书目信息服务、获取所需文献的线索或从图书馆获取原文，而是能得到全程性、全方位的知识信息。网络技术的发展为读者提供了开放化信息需求的客观环境，加速了读者信息需求社会化的进程，信息产品已成为图书馆自立于信息社会和市场的一个标志。图书馆为了自己的生存和发展，必须走信息服务社会化之路，为广大的信息用户服务。

9. 信息检索智能化

现代图书馆的检索技术不是采用传统图书馆中惯用的关键词及其逻辑组合的方法，而是通过智能式人机交互方式来检索信息。以知识为基础的智能检索方法，是数字图书馆在信息检索方法上的重大变革。读者可以通过自己的"自然语言"，不断地与系统进行交互，逐步缩小搜索目标，以此来获取自己所需的文献资料。

（二）图书馆信息服务的方式

1. 公共目录查询服务

目前，大多数图书馆都提供了联机模式或 WEB 模式的公共目录查询服务，供读者通过网络查询本馆的馆藏书目信息以及读者的个人借阅信息。这是图书馆实现服务网络化的标志性、基础性的服务模式，也是应用最为普遍的网络化服务方式。

2. 建立图书馆门户或网站

网站作为图书馆提供各类网上信息服务的基础平台或服务窗口，是网络信息技术在图书馆服务领域的重要应用。目前，要想获得某图书馆的各种网上信息服务，通常是从登录该馆网站开始的。

3. 一般性读者服务

一般性读者服务主要是通过网站提供以下服务内容：①图书馆要闻。将图书馆的最新消息，如新引进的数据库、新提供的服务等信息发布在网页的醒目位置，帮助读者跟踪最新的服务动态。②图书馆概况。一般包括图书馆简介、馆藏状况、机构设置等内容。③读者指南。主要是放置在网站主页上为读者提供帮助的信息，包括开馆时间、馆藏布局、服务项目介绍以及常用软件工具下载、检索指南等辅助性内容。④读者意见及反馈。主要通过电子邮件、留言簿、电子公告板（BBS）等方式实现。

4. 数字文献检索服务

此项服务是现代图书馆信息服务的核心内容和基础性服务模式，主要通过可供网上查询的各类数据库来实现。根据数据库的文献信息类型、载体形式、使用方式，可概括为以下几种主要服务方式：①光盘数据库网上检索服务。主要通过光盘镜像发布软件、WEB 检索接口软件等，实现光盘数据库资源的网上检索利用。②网络数据库镜像服务。通过建立网络数据库本地镜像的方式，能极大地提高图书馆数字文献的网络检索服务质量。③在线数据库授权检索服务。通过购买数据库网络使用权，开展网络虚拟资源检索服务，已成为网络环境下文献信息服务的重要组成部分。④自建特色数据库服务。近年来，许多大中型图书馆都建立了特色文献数据库，提供网上查询服务。

5. 数字化参考咨询服务

随着信息技术的迅猛发展，图书馆正在兴起一种新型的信息咨询服务模式——数字化参考咨询（Digital Reference Service），也称为虚拟参考咨询服务（Virtual Reference Service）、网络参考咨询（Networked Reference Service）或在线参考咨询（Online Reference Service）。数字化参考咨询使得咨询工作不再受时间和空间的限制，它主要通过以下几种常见的服务模式向远程用户提供同步咨询、异步咨询和合作式咨询服务，随时解答用户的问题。数字化参考咨询服务包括自助式咨询模式、电子邮件

（E-mail）咨询模式、Homepage（信息咨询网页）模式、实时咨询模式、网络信息专家咨询系统模式、网络合作咨询模式等。

6. 资源导航服务

根据用户需要，图书馆利用导航技术，帮助用户查找、鉴别和选用信息资源，如资源分类浏览服务、新书导读、学科指南、数据库指南等。首先，把常用的、重要的数据库地址或相关的信息资源预先汇集起来，或建立专业导航库，帮助用户从网上查找所需要的有价值的信息；同时，通过搜索引擎等各种检索工具，搜集、加工和整理网上各种有用信息资源，转化为用户所需要的特定信息，提供给用户。

7. 特色化服务

特色化服务主要包括：①电子文献传递、馆际互借服务。利用文献传递系统，与国内外的同行和有关部门建立同盟，达成文献传递的协作关系，向各自的服务对象提供电子文献传递服务；通过电子邮件、传真、复印等方式传递给用户。②中间代理服务。如为用户提供科技查新、代查代检等服务。③学科导航。④新书评介、导读服务。⑤期刊目次通告服务。⑥多媒体信息服务。⑦个性化服务。利用信息过滤、信息报送和数据挖掘等智能技术，针对不同用户采取不同的服务策略，主动提供服务，使用户通过尽可能小的努力获得尽可能好的服务。⑧多媒体信息点播。⑨基于学科馆员的知识服务等。

8. 网络教育

网络教育是一种全新的教育方式，采用远程教学，利用多媒体技术，将课程教育、专题教育、普及教育等方式结合，满足用户教育的需求。

（三）图书馆信息服务模式

随着现代图书馆逐步发展和成熟，数字信息资源、信息服务系统和用户信息环境的发展与变化，其信息服务模式经历了一个由"馆员中心""资源产品中心"到"用户中心"的发展变化过程。

1. 馆员中心服务模式

馆员中心服务模式是一种从信息服务人员出发，并以信息服务人员为中心的服务模式。信息服务人员在这一模式中处于主动、主要和中心的地位，是信息服务工作的中心，一切工作以是否有利于服务人员开展服务工作为目的，而很少考虑信息用户的主动参与。用户自始至终处于被动接受的地位，不能主动地选择和参与信息服务产品的生产，只能坐等服务人员给他们提供产品，他们的需求在服务人员的信息服务工作中得不到充分的反映，因而也就得不到充分有效的满足。这种被动坐等的信息服务模式很难适应现代图书馆信息用户的需求。

2. 资源产品中心服务模式

资源/产品中心服务模式，是一种面向信息资源的，并以信息服务产品为中心的信息服务工作模式。信息服务人员通过对信息资源加工增值形成信息服务产品，并以某种策略与方式提供给信息用户使用。在这种服务模式中，服务活动的中心是信息资源与产品，关注的是信息资源的加工和服务产品的生产，服务人员较少去考虑信息用户的需要。此服务模式各要素中突出服务资源、产品的地位，用户是客体，始终有求于图书馆，居于从属地位，信息服务人员的特定服务和信息用户的能动性受到忽视。这是一种传统型的信息服务模式，在现代图书馆发展的初期发挥了重要作用，但随着现代图书馆信息环境的变化与发展，此模式在数字图书馆信息服务中已经缺乏生机与活力。

3. 用户中心服务模式

用户中心服务模式，就是信息服务工作一切从用户信息活动出发，基于信息用户的信息需求并以用户信息需求的满足与问题解决为目标的信息服务工作模式。信息服务工作从信息用户出发，根据信息用户的信息需求与解决问题的信息活动的需要，以某种策略与方式生产用户需要的信息产品并提供给信息用户，用户需求与问题在这个服务活动中得到彻底解决。用户中心服务模式充分注意到了现代图书馆信息服务活动中各要素之间合理结合与将服务系统功能放大，特别强调了信息用户在信息服务活动中主观能动与参与作用，用户是这一服务模式中的主体。用户中心服务模式是当今与未来数字图书馆信息服务的主流模式。

（三）图书馆信息服务原则

信息社会对图书馆信息服务提出了更高的要求，文献的服务方式、服务内容、服务手段、服务范围、服务意识、服务模式等都有较大的调整和转变。因此，我们应该遵循以下文献服务工作的原则。

1. 服务方式多样化

人类进入21世纪，现代信息技术发展突飞猛进，传统馆藏内涵的扩充和数字图书馆的出现，对图书馆的传统文献服务工作方式提出了挑战。信息社会是以数据库信息技术为利用对象，以信息技术为手段，以电子文献的形式提供给用户的交互服务。文献信息传递具有多向性的特点，图书馆一对一、人对人的传递方式被一对几、机对人、几对机的情报型传递方式所取代。对一个图书馆的评价已不仅仅局限于馆藏量、座位数等，而应评价图书馆是图书馆通过多少种方式为读者提供了服务，以及提供各种服务的快捷性、能力和质量等如何。

2. 服务内容个性化

在信息社会，图书馆面对的将是建立在广泛基础上的需求日趋多元化、个性化的用户，图书馆要改变以馆藏为中心的传统服务模式，代之以藏用并重甚至以用为主，最终目标是针对每一个人和每一项特定任务，为特定的信息找到特定的用户，使信息发挥最大效用。目前，基于网络环境的个性化信息服务模式已初露端倪，大体有词表导航、推送服务、信息传播服务等中介信息服务。图书馆员要密切关注网络环境下信息服务的发展和变化，及时掌握新技术，只有这样才能保证并满足用户个性化价值追求的需要。

3. 服务手段网络化

传统的文献服务手段是单一的。读者通过口头咨询或利用各种索引及文摘等检索工具检索到所需图书的有关信息，然后到借阅窗口索取文献，在阅览方面，也是只能提供现有的纸质文献，而且是只能自己去阅读。在其他方面，服务手段也缺少。

在信息社会中，图书馆信息服务手段发生了根本性的变革，由传统的文献信息服务转变到网络化信息服务，出现了数据库、电子出版物、电子邮件等形式的多种服务手段。读者的咨询除面对面、信函、电话等外，还可以利用终端机通过网络进行信息远程查询，在网上进行交互式问答，通过电子函件进行服务，读者的检索可以随时随地在网上进行，查询范围也超越了馆藏的界限，可以利用整个网络世界的信息资源，提供网络查询服务将是图书馆服务的一个主窗口。

4. 服务范围远程化

传统的文献服务工作总是处在一个特定的地域范围内，都有自己的特定服务对象，通常人们会按照"就近原则"选择离自己最近的图书馆。这种传统的服务方式存在两个弊端：一是少数图书馆拥有的信息资源必定有限；二是各图书馆服务读者范围相对固定，不利于信息资源的广泛传播和充分利用。互联网的出现，使单个图书馆成为信息网络上的一个节点，人们可以在网络中使用全地区、全国、全球的信息资源，读者对图书馆存取方式可以不受时空限制。

5. 服务意识超前化

文献服务意识强，图书馆发展就快。文献服务意识的强弱，对图书馆的发展起着不可低估的作用，而且服务与发展相辅相成。传统的文献服务观念落后：只求馆藏数量，不讲馆藏质量，重藏轻用，忽视信息传播，使图书馆服务大多仅仅停留在书籍报刊服务上，经济问题、管理问题及科技实用技术等方面所占比例则较小。总的来说，是宏观的多，主动服务的少，这些传统观念严重制约着图书馆的健康发展。

在信息社会和知识经济时代，服务意识超前化是图书馆加强文献服务工作首先要解决好的问题。图书馆文献服务人员必须更新观念，彻底改变旧思想、旧观念。一是要树立竞争意识，开拓创新，不被社会淘汰。二是要改变"重藏轻用"的观念，改变旧的一套封闭式的、守株待兔式的服务模式，去适应信息社会图书馆读者服务工作的需要。三是要改变"以我为中心"的思想，任何规章制度的制定、图书的采访、分类编目体系等都应照顾到读者的利益。

6. 服务模式集成化

集成服务是信息社会中图书馆提供文献服务的发展模式。所谓集成文献服务是指对于某一特定领域或某一特定用户的文献需求，把文献资源保障体系诸要素（功能要素、信息要素、技术要素等）有机地连接成一个整体，使用户得到面向主题的文献服务。

二、图书馆信息服务体系的构成

（一）信息服务原则

信息服务原则是制定信息服务规则、构造信息服务流程的基本理念，在整个信息服务体系中起着主导作用。

1. 个性化服务原则

最大限度地满足每个读者的个性化要求，从而与读者产生互动的个性化主动服务，能真正体现以用户为中心，使读者产生归属感和认同感。另外，可以把信息服务对象按不同的标准进行细分，并根据其不同的特点确定最适当的服务方式和内容。例如，高校馆可按照读者身份划分为教师、学生、行政人员、外来人员等几大类服务对象；还可进一步按文化层次将学生细分为专科生、本科生、研究生等。然后根据各类读者需求的差异性做出分析，进行针对性服务，在统一的信息服务体系中体现不同的层面。

2. 易用性原则

实践证明，易用与可用是影响用户信息查寻行为的两个重要因素。正如 Krug 先生在他畅销世界的《点石成金：访客至上的网页设计秘笈》（Don't Make Me Think）里所说的，留住第一眼用户的法宝首先是"别让我思考！"。一个优秀的信息服务体系，在设计业务流程时，应首先从方便用户使用出发，简化流程操作，强化系统功能，提供培训与帮助，消除阻滞因素，从而提高信息产品的利用率。

3. 协作服务原则

积极利用现代信息技术手段开展体系内协作、馆际协作能整合优势资源，进行大规模、全方位、多层次、高效能的服务。

4. 合法性原则

图书馆开展信息服务应当保障公民自由获取信息的基本权利，同时不可违背相关法律法规，并从可靠性、系统性和完整性方面对信息质量进行把关，以使信息服务工作产生积极的社会效益。

（二）信息服务相关制度

1. 组织与经费保障制度

图书馆信息服务体系作为一个整体，应有完善的配套制度。人员组织与资源是这个体系的基础，因而在馆际协作服务体系中应当由地区性协作中心制定相关的制度，以形成约束力，保证体系的正常运转。

2. 业务规范

联合协作的前提是遵循共同的规范。包含联合数据规范、通用接口协议、文献传递流程、联合咨询的轮值制度、馆际互借的经费支付办法等。

（三）信息服务系统

信息服务系统是图书馆进行信息服务的实体，包含以下几方面的内容：

1. 资源

包含信息服务组织结构内一切馆藏文献、数据库、网络虚拟资源的总和。一次文献资源可通过购买、搜集（如利用 SPIDER 进行的网络信息挖掘或手工搜索）等手段获取，通过地区性协作组织进行联合采购是充分利用有限经费的有效方法之一。同时，还要注意二次文献资源的建设，如编制专题文摘、索引等。

2. 组织结构

图书馆传统信息参考组织结构采用的基本是馆长—部主任—信息服务人员模式的直线制结构，工作人员以参考咨询部门为主体，机构较为简单，难以适应多样化的信息需求。以馆际互借服务为例，一个基本的业务流程，就涉及双方馆的信息咨询部（接收并处理互借请求）、技术部（开发维护馆际互借平台）、读者服务部（提供所需文献）、文献资源建设部（编制维护联合目录）等多个部门，任何一个环节出现问题，就会导致整个服务流程的阻滞。这就要求现代图书馆信息服务系统应当采取能纵横协调的多维多层的组织结构，方能使多项专门任务在一个组织之内平衡协调地完成。

3. 信息处理平台

在信息技术高度发达的今天，建立起能在分布式环境下提供集成化服务的信息处理平台是现代图书馆信息服务体系的必要手段，体现了"法"的因素。

（1）信息整合：从信息资源的构成看，大量资源来自异构的检索平台、多样化的语种、不同的访问权限，各类型资源的内容也存在着一定的交叉重复，这导致检索时既需掌握多种系统的使用方法，又需要利用不同检索工具。重复使用各种检索策略，造成人力浪费和检索效率的低下，甚至出现人为的遗漏，使信息资源难以实现交互式的完全共享。所以要解决这些问题，应通过开放语言描述集成定制结构或流程，以分布服务和开放描述支持对资源（如 OPAC、各类型数据库、网络信息资源库、实时咨询知识库等）的动态的搜寻、调用、解析和转换，通过开放链接进行数据对象的传递，从而使集成本身形成可解析、可复用、可伸缩、可扩展的知识元库，然后通过开放式协议对分布式信息资源进行有效整合。

（2）信息分析评审：对于知识元库中的数据，经过动态技术聚类、摘要、提取后，还可由计算机系统自动分析或分发至咨询专家进行分析、评审，以确认其价值并提供给相应的用户。

4. 服务平台

网络信息服务大量的需求来自不同类型的读者、要求提供不同种类的资源、信息传递与推送也必须经过不同的途径，故而在实行服务时，需要从易用性原则出发，将模块化的服务平台（如终端用户检索软件模块、在线咨询交流软件、个性化服务定制与推送软件模块、快速物流传递系统等）集成在统一的用户界面下，使读者享受到快捷高效、交互型的一站式服务。以中国人民大学图书馆为例，其"数字图书馆个性化信息服务系统"集数字资源检索、个性化推荐、在线交互咨询服务为一体，读者可整合检索包含馆藏书目、馆内光盘数据库资源以及各种许可范围内的网络数据库资源；可直接进行续借、预约，在线阅读全文电子书，下载部分论文全文；自动根据用户填写的研究方向为用户推荐相应的图书论文资源，同时据用户对资源的一些反馈信息来进行协同推荐；还可进行在线交互式咨询。

第三节 图书馆的管理服务体系

在我国，对于图书馆管理含义的认识，是随着国外管理学理论和方法的译介，以及图书馆管理实践的发展深化而逐渐完善起来的。

一、图书馆管理

图书馆管理是研究图书馆活动及其规律的科学。它是管理科学应用于图书馆而形成的，是现代图书馆学的一个重要的分支学科，主要研究各个图书馆的管理活动以及对众多图书馆乃至整个图书馆事业的管理。

（一）图书馆管理的含义

关于图书馆管理更为明确的含义至今还没有一个确切的表述，国内外学者看法也不尽相同。国内许多学者给图书馆管理下的定义至今尚未取得学术界统一表性的定义。

倪波、荀昌荣认为：图书馆管理是指应用现代管理学的原理和方法。合理组织图书馆活动，有效地利用图书馆的人力资源和物质资源，发挥其最高效率，达到其预定目标，并在此过程中不断地审查改进，最终圆满完成任务的过程。

黄宗忠认为：图书馆管理就是通过计划、组织、指挥、协调和控制等行动，最合理地使用图书馆系统的人力、财力、物质资源，使之发挥最大作用，以达到图书馆预期的目标，完成图书馆任务的过程。

吴慰慈认为：图书馆管理是对图书馆的文献信息、人力、财力、物质资源，通过计划、决策、组织、领导、控制和协调等一系列过程，来有效地达成图书馆目标的活动。

原国家教委高教司《图书馆管理学教学大纲》提出：图书馆管理是指以图书馆发展的客观规律为依据，遵循管理工作的内容与程序，建立优化的管理系统，合理配置和利用图书馆资源，实现其社会职能的控制过程。

图书馆管理是把图书馆的文献信息资源、用户、馆员、技术方法、设施等分散要素联系起来构成一个有机的整体。没有管理，就不能开展图书馆的活动，更谈不上图书馆工作质量与效率，达不到图书馆预期目标，完不成图书馆任务。这种管理活动既包括信息资源的管理，也包括图书馆人力资源、物质资源、财力资源的管理。图书馆管理者必须平衡四者之间的关系，不能厚此薄彼。

图书馆管理既不是指图书的管理，也不是指图书馆的具体业务工作。与图书馆管理相关的图书馆管理学，是研究图书馆管理的基本理论、管理过程、管理方法、各种具体管理和图书馆管理趋势的科学。它是图书馆学的一个分支学科，是管理学在图书馆管理实践中的应用。图书馆管理是遵循图书馆工作的客观规律，通过计划、组织、协调、指挥等手段，合理配置和使用图书馆资源，以达到预期目标，满足用户知识信息需求的一种活动。

我们认为：图书馆管理是对图书馆的资源，通过一定的科学手段而实施行为过程的目标活动。它包括微观管理和宏观管理两个部分：微观管理是对于个体图书馆的管理；宏观管理则是对社会图书馆事业体系的管理。在当今信息时代，抓住时代特色，全面运用现代管理理论，用以指导现代图书馆的全部活动，提升现代图书馆管理水平的整个过程。

（二）图书馆管理的特征

作为一种特殊的社会实践活动，图书馆管理具有一般社会实践所共有的客观性、能动性和社会历史性等特性，不过这些特性在图书馆管理中有其具体的表现形式。整个实践的特性对于不同的实践活动来说是一种共性的东西，而具有这种共性的各种实践活动又表现出不同的特性，因此，图书馆管理具有以下几个主要特征：

1. 总合性

所谓图书馆管理的总合性，从空间上来说，就是它贯穿在一切图书馆活动中，存在于图书馆活动的一切方面和一切领域，凡是有图书馆活动的地方，就有图书馆管理。从时间上来说，它与图书馆共始终。在中国商代，不仅有藏书之所、掌书之人，而且有管书之法。商代设史官掌管藏书，虽然这一时期尚未形成书籍分类和编目体例，但对藏书的管理已存在一定之法。商代史官在甲骨片编连成册之后，为便于查找，在贮藏中采用标签形式将其标示。另据英国考古学家伍利1930—1931年在幼发拉底河口附近的乌尔发掘出的400多块泥版文书和1000多片残片中，发现上面的经济资料是按主题和年代排列的，泥版还挂有内容简介的标志牌。经专家鉴定，这些泥版文书是一所寺庙图书馆收藏的，大约存在于公元前3000年。这是国外存在最早的藏书管理，代表着国外原始图书馆的管理思想。随着信息技术的发展，图书馆的形态可能会发生一些变化，传统的纸质图书馆可能会逐渐萎缩，但虚拟图书馆、电子图书馆、数字图书馆或网络图书馆将登上历史的舞台。但我们认为，只要还存在图书馆活动，不管其形式如何，仍然离不开管理。因此，在图书馆发展的长河中，管理是无处不在、无时不有的一种社会活动，它在图书馆系统中横贯各个层次，涵盖一切领域，具有总合性。

2. 依附性

任何图书馆管理都必须依附于一定的图书馆业务工作，它的全部实际内容和具体形式不能离开其他业务活动而单独存在，因此，图书馆管理总是对某种业务活动（文献采选、分类编目、书刊借阅、参考咨询、文献检索、情报研究等）的管理。图书馆管理的这种依附性主要表现在：图书馆管理的目标必须依托于具体的业务活动才能实现，图书馆管理的过程总是伴随着其他业务活动的进行而展开，图书馆管理的结果总是融合在其他业务活动的成果之中。也就是说，图书馆管理必须以其他某一种、某几种或全部业务活动作为自己的"载体"。

3. 协调性

所谓协调性是指调节和改造各种管理对象之间的关系，使他们之间能相互适应，并按照事物自身固有的规律性在整体上处于最佳的功能状态。图书馆管理与其他业务活动不同：

首先，从活动的对象来看，一般业务活动总以某个特定的具体事物作为自己的对象，如文献采选以图书馆未收藏的新书、新列、新报、新光盘等文献载体为对象，分编工作以图书馆已采购回来的新文献为对象，咨询服务以读者为对象等。但是，图书馆管理在一定意义上却是以图书馆系统的各种业务活动为自己的对象，是对这些业务活动之间的关系以及这些业务活动内部的各种要素之间的关系进行协调的活动。因而要与各种业务活动相适应，就有协调这些活动的采选管理、分编管理、借阅管理、咨询管理等形式，这些管理活动通过协调各种业务活动而间接地对它们起作用，从而改变它们的存在状态。

其次，从活动的任务来看，一般的业务活动都有自己特定的具体任务，它们或者是为了购回本馆读者所需要的文献，或者是为不改变文献的形式特征，或者是为了将读者所需要的文献传递给读者，或者是对读者进行信息检索技能培训，或者是为读者提供咨询课题的解答方案等。然而图书馆管理的任务却是"协调个人的活动，并执行生产总体的运动——不同于这一总体的独立器官的运动——所产生的各种一般职能"。也就是说，图书馆管理的主要任务是协调人们之间的关系和利益，协调人们活动的状态和过程，使图书馆各种业务活动的要素之间建立某种有序的优化结构。所以，图书馆管理是一种柔性的社会活动，图书馆管理者一般并不直接从事情报产品的生产或信息服务活动，它主要是通过协调各种业务活动的内外关系，特别是馆员之间的关系以及馆员和读者之间的关系，使各种要素、各个环节在共同目标能最有效地满足读者的信息需求的指引下，消除彼此在方法上、时间上、力量上或利益上存在的分歧和冲突，统一步调，使图书馆的各种业务活动实现和谐运转，成为一个有机的整体。

4. 组织性

图书馆管理的组织性，一方面，指的是图书馆管理活动总是通过一定的组织（如学校图书馆、科学图书馆、企业图书馆、公共图书馆、工会图书馆等）进行的，这种组织是由进行管理活动的人所组成的一个有序结构。组织既是管理的主体，任何图书馆管理都是由一定的组织机构（即特定的图书馆）进行的；同时，组织又是管理的对象，因为任何图书馆管理都是对一定组织（即特定的图书馆）的管理，孤立的个人，离开了一定组织的人，是无所谓图书馆管理的。另一方面，它指的是图书馆管理活动本身就是一种组织活动，这种组织活动将分散的资源，如人力、物力、财力、信息等资源组合起来，形成一个稳定的、能够不断根据客观环境的变化而进行物质和社会双重结构调整的过程。这种组织过程既把各种离散的、无序的事物结合成一个相互联系、相互制约的管理组织系统，这是图书馆管理活动得以进行的物质和社会实体；同时又能不断地根据变化的外部和内部情况，对管理活动的各种要素之间的关系进行调整，以寻求相适应的物质与社会匹配关系，使图书馆系统朝着管理的目标运动。前者指的是静态的组织性，它表现为一种有序的组织形式；后者指的是动态的组织性，它表现为一种能动的组织职能。图书馆管理的组织性是图书馆管理最基本的特征，也是其他特征存在的内在根据。

5. 变革性

管理在本质上是变革活动，是使人获得真正自由的活动。管理的特点就是变革——迅速的、不断的、根本的变革。图书馆管理也不例外。从现象上看，图书馆管理有保守的一面，它要维持图书馆系统一定程度的稳定，要用一定的原则、规章制度约束图书馆的成员。但是，保守性、束缚性只是图书馆获得发展的手段，因而是暂时的、相对的。稳定是运动的一种特殊状态，因此，图书馆系统中的人、财、物、信息等要素是不断变化发展的，图书馆系统外部的经济、政治、文化、科技等环境也在不断变化。

要实现对图书馆的真正有效管理，目标和计划就要反映对象的变化，协调活动就要使系统内外因素的配合在变动中走向合理，要不断通过信息反馈实现对图书馆的动态控制，根据图书馆的发展改变失去合理性的规章制度。可见，图书馆管理的变革性是由图书馆本身的运动决定的，具有客观性。图书馆管理的变革性更主要地表现为其发展演化。图书馆管理是一种主观见之于客观的活动，它要反映图书馆的变化，不仅要反映图书馆现时的变化，而且要反映图书馆变化的趋势，还要反映趋势的转变，这一切只有通过科学预测、设立目标、制定计划、完善组织、实施控制等一系列动态管理活动的反复循环才能实现。

6. 科学性

图书馆管理的动态性并不意味着图书馆管理没有规律可循。尽管图书馆管理是动态的，但还是可将其分成两大类：一是程序性活动；二是非程序性活动。所谓程序性活动，就是指有章可循，照章运作便可取得预想效果的管理活动，如制定读者服务工作中的各种规章制度，制定人员管理工作中的录用、奖惩、培训等方面的条例，制定行政管理的各种规章制度，制定后勤管理的各种规章制度等。所谓非程序性活动，就是指无章可循，需要边运作边探讨的管理活动，如建造新馆、建设图书馆自动化系统、图书馆组织机构的调整、复合图书馆的设计等。这两类活动虽然不同，但又是可以转化的。实际上，现实的程序性活动就是由以前的非程序性活动转化而来的，这种转化的过程是人们对这类活动与管理对象规律性的科学总结，图书馆管理的科学性在这里得到了很好的体现。此外，对新管理对象所采取的非程序性活动只能依据过去的科学结论进行，否则，对这些对象的管理便失去了可靠性，而这本身也体现了图书馆管理的科学性。

由于图书馆管理对象会分别处于不同系统（如科学院系统、文化系统、教育系统、工商企业系统等）、不同部门（如采访部、编目部、流通阅览部、典藏部、参考咨询部、研究辅导部、信息技术部、特藏部等）、不同环节（如出纳台借还、书库整理）、不同的资源供给条件等环境中，这就导致了对每一具体管理对象的管理没有一个唯一的完全有章可循的模式，特别是对那些非程序性的、全新的管理对象更是如此。因此，图书馆具体管理活动的成效与管理主体管理技巧的纯熟程度密切相关。事实上，管理主体对管理技巧的运用与发挥都体现了管理主体设计和操作管理活动的艺术性。另外，由于在达成图书馆资源有效配置目标的过程中，可供选择的管理方式、手段多种多样，因而如何在众多可供选择的管理方式中选择一种合适的用于现实的图书馆管理之中，也是管理主体进行管理的一种艺术技能的体现。

二、图书馆管理的对象

图书馆管理的对象有三大部分：人力资源管理、物力资源管理和财力资源管理。

人力资源管理包括图书馆员工管理和读者管理；物力资源管理包括图书馆的文献信息管理、图书馆的建筑和设备管理以及技术方法管理；财力资源管理指图书馆的各项经费开支以及各种经营性收入管理。

（一）图书馆人力资源管理

1. 员工管理

图书馆员工是图书馆连接文献信息与读者的纽带和桥梁，是图书馆活动的管理者和组织者。图书馆工作效益的高低和社会影响的好坏，都取决于图书馆的员工，所以图书馆员工是管理的主体要素。图书馆的员工分为图书馆专业人员、图书馆技术人员和图书馆行政人员三大部分。管理者应通过定岗、定员、考核、选举、激励等多种形式，激发员工的积极性和创造性，调动他们的潜力，使员工的聪明才智得到充分发挥，努力做到人尽其才、各得其所、各获其荣。

2. 读者管理

读者又被称为"用户"，是图书馆的服务对象。图书馆因读者而生存，读者的存在和需要是图书馆生存和发展的动力。由于图书馆读者群的复杂性、多变性和信息需求的多样性，读者管理成为图书馆管理中最活跃的要素。管理者必须树立"读者至上"的思想，一切管理工作都以用户文献信息需求为出发点和归宿，最大限度地满足读者日益增长的知识信息需求。

（二）图书馆物力资源管理

1. 文献信息资源

图书馆的文献信息资源统称为"图书"，是图书馆的"立身之本"，也是图书馆存在的先决条件，更是图书馆系统中最基本的要素。它是根据图书馆的性质、任务和方针，以及特定读者群的文献信息需求，经过日积月累而形成的文献信息体系。图书馆的文献信息资源随着科学技术的发展，载体越来越丰富多样，有印刷型资源、缩微型资源、声像资源、电子型资源和网络资源等。对这些资源进行管理既要确保文献信息资源的系统完整，又要便于读者对文献信息的充分利用；既要着眼于馆藏的特色建设，又要做好资源的共建共享。

2. 建筑设备

建筑设备又称"设备"，是图书馆生存的物质条件。传统图书馆设备包括建筑、书架、目录柜、阅览桌椅等。现代图书馆设备，除了传统图书馆设施，还包括许多现代化技术设备，如视听设备、复印设备、缩微阅读设备、传真设备、文字处理设备、图书馆计算机自动化系统、图书馆消防安全系统、中央空调系统、局域网以及互联网接口等。这些设备可统分为两大部分：一部分是围绕着业务工作而产生的现代化技术设备系统；

另一部分是为业务主体服务的行政后勤服务技术设备系统。

3. 技术设备

图书馆的技术设备，以自动化系统为核心，由计算机软件系统、硬件系统和数据库三大部分组成。随着科学技术的发展，数字化图书馆的出现，信息设施、信息资源、信息人员的智力将融为一体，图书馆的自动化系统会越来越完善。图书馆的建筑设备将会随着这些技术方法的应用而发生很大的变化。为此，图书馆的管理者应用战略的眼光去规划和建设图书馆文献信息服务技术设施体系，为信息资源体系的形成、维护、发展以及开发利用提供条件。

（三）图书馆财力资源管理

图书馆的财力资源主要来源于政府对图书馆的拨款，以及社会各界对图书馆的资金投入。图书馆的经费开支主要用于购置各种载体的文献信息资料、业务活动开支、行政管理费用、员工工资、设备维护费等。经费预算是图书馆经费管理的一项基础工作，在预算的执行过程中，应该有严格的经费结算制度。管理者应通过核算执行情况，为经费管理提供相关信息。在经费管理过程中，应加强财务制度，严格执行有关的财务制度和规范，通过严格的财务制度管理图书馆的经费，以最低的成本产出最大的效益。

三、图书馆管理基本要求与内容

（一）图书馆管理基本要求

现代图书馆管理的基本要求是管理规格化、劳动组织合理化、工作人员专业化、业务工作计量化。具体地说，管理规格化是指有完善的规章条例和业务标准，所以，图书馆管理的规章条例化和业务技术标准化是规格化的两大内容。劳动组织合理化是指以最经济的人力取得最佳的工作效果是图书馆合理的劳动组织所要达到的主要目标，为了实现这个目标必须：①根据本馆的性质和具体任务，以节约人力、方便管理、减少层次、提高效率为原则，合理建立业务机构；②根据本馆收藏的文献资料的类型和用户需要的特点，科学地划分工序和工作范围；③建立岗位责任制，明确规定职责范围，让每一个部门和每一个工作人员都承担起应负的责任，做到各负其责，各尽其力。工作人员专业化是指培养一支合格的专业化队伍，是实现图书馆管理目标的必要措施。图书馆工作人员的专业化包括两个方面：一个是必须具备图书馆学、信息学的基本知识和图书馆工作的基本技能；二是向文献信息工作专门化的方向发展。业务工作计量化是指建立一套系统的图书馆管理统计制度。统计数据能够反映图书馆的基本情况，是改进工作、提高服务质量的重要依据，对于图书馆实行科学有效的管理可以起到"耳目"和"参谋"的作用。

（二）图书馆管理内容

现代图书馆管理是通过决策、计划、组织、控制、协调实现的。各环节之间不是相互割裂的，是互相联系、相互制约，共同作用于管理运动的全过程，形成了图书馆管理的特定内容。

1. 决策

任何图书馆系统及其所属的子系统的管理过程，都离不开正确的决策。图书馆系统的决策，主要包括图书馆发展方针、政策、战略方面的决策；各项业务工作的决策，如采集文献品种与复本数量的决策，分类法的选择，馆藏划分最优方案的选择，排架方式的选择，开架与闭架方式的选择等；人事方面的决策，包括人员智力结构的确定，人员更新与培训的方式、奖惩制度的制定等；财务、设备方面的决策，包括经费及其合理分配，设备、用品的选择等。

2. 计划

这是管理过程中的一个十分重要的因素。计划是一种预测未来、确定目标、决定政策、选择方案的连续过程，是图书馆各项活动的指针。图书馆系统的各方面决策都是要通过计划去实现的。图书馆计划包括两个基本方面：一是国家图书馆事业发展计划；二是个体图书馆的发展计划。

计划是由定额、指标、平衡三部分组成的。各项定额是发展计划的基础，计划的内容和任务则体现在指标上，计划就是综合平衡，平衡是基本手段和工具。国家图书馆事业发展计划是各分项计划的集合，一个馆的总体计划是本馆内各个部门计划的集合。在制订各项计划时，应明确该项计划的主要任务及其在总体规划中的地位和作用，认真选取衡量该计划发展水平的主要指标，规定发展的规模和发展速度，突出发展重点，规定适当比例，注意各计划之间的协调。

3. 组织

组织指对各项活动所需的资源加以组合，建立组织的活动与职权间的关系的过程。组织是发挥管理职能、实现管理目标、完成计划的保证。组织工作是一个分工的行为，同时又是一个组织各方进行协作的行为。组织工作还包括人事工作，即在组织的工作过程中设置的工作岗位配备合适的职工人选。因此，在图书馆管理系统中必须要有健全的组织机构，明确各个工作岗位的职责，确立各级人员之间的相互关系，做到职责分明，权责结合。

4. 领导

领导工作是影响人们为实现组织的目标而努力。包括激励、领导的方式方法、沟通等问题。图书馆要建立合理的领导层的群体结构，注意选拔主导型人才，重视领导者群体的智力结构，加强领导者之间的团结协作。图书馆的领导应当注意在正确运用合法权利、奖励权力之外，还应该学习和掌握图书馆专业知识和管理知识，不断完善本人各方面的素质，增强自己的专家权力和个人影响力。

5. 控制

这是按既定的工作计划、标准去衡量各项工作成果，并纠正偏差，使工作按计划的方向进行。所以，控制不仅是对现有工作成果的评定，而且更重要的是认识和判断工作发展的趋势并为改进工作提供信息反馈。可以说，没有良好的信息反馈，图书馆就无法对自己的各项工作进行有效的控制。这是因为控制的功能是通过输入、中间转换、输出、反馈四个环节实现的。

6. 协调

协调是管理过程中不可缺少的环节，它可以使图书馆事业的建设或一个图书馆的各项工作趋向和谐，避免矛盾和脱节现象。图书馆的协调，从微观角度看，指的是图书馆内部纵向和横向的协调。纵向协调，就是要保持图书馆各层次子系统的上下平衡；横向协调，就是要保持图书馆系统各层次彼此之间的协作，以避免各个工作环节和各个部门之间发生脱节或失调现象。图书馆的协调，从宏观角度看，是指与图书馆外部的协调。这种馆际协调，也分为纵向层次的协调和横向层次的协调。纵向层次的协调指的是本系统图书馆从上至下的协调；横向层次协调指的是本图书馆系统方针、任务与其他图书馆系统的协调。

四、图书馆管理的基本原则与意义

（一）图书馆管理的基本原则

1. 集中管理

集中管理是我国图书馆事业管理的重要原则。集中管理包括两个方面内容：一是指图书馆事业建设要有集中统一的管理，以便协调全国各系统、各地区图书馆的工作，有目的地规划全国图书馆事业的发展，组织全国性的图书馆事业网；二是指图书馆业务技术工作的集中管理，即实行图书馆业务技术工作的标准化，其中包括统一分类、统一编目、统一数据存储格式和信息交换标准等。

2. 民主管理

民主管理是我国图书馆管理的又一重要原则。所谓民主管理，就是吸收图书馆工作人员和用户代表参加图书馆的管理工作，图书馆可以建立有馆员和用户代表参加的民主管理组织。建立这个组织的目的是提高图书馆的管理水平，它在图书馆管理中起着参谋作用，其任务是：①对图书馆工作提出合理化建议和改进意见；②督促图书馆工作计划的执行；③对专业人员的安排和使用提出建议；④对领导干部的工作进行监督等。

3. 计划管理

这也是我国图书馆管理的重要原则。图书馆的计划管理就是要发挥工作计划在管理过程中的作用。工作计划是根据客观实际情况和工作任务的要求，预先确定开展工作的目标、措施和步骤以及方法等。工作计划可以分全馆计划、部门计划或某一项工作的专门计划。制订工作计划必须从实际出发，留有余地。在执行计划的过程中要随着客观情况的变化对计划做适当的修改。如果工作无计划，就不能有效地组织业务活动。因此，正确地制定和执行各种工作计划是图书馆管理中不可缺少的环节。

4. 注重经济效果

注重经济效果就是要研究如何合理地使用人力和经费，最充分地发挥图书馆各种设备的能力，建立最优化的文献信息资料的收藏系统和服务系统，以及与之相适应的各种科学的规章制度和条件。要力求用最少的经费补充用户最需要、最有使用价值的文献资料，用最经济的劳动加工整理各种文献信息，用最快的速度为用户提供各种资料，并使图书馆的各种设备最大限度地发挥作用，从而保证图书馆各种活动的最大效能。这些应该是图书馆管理所追求的目标。人力、物力、财力和时间的浪费以及无效劳动，都是与图书馆管理的原则不相容的。注重经济效果，应当成为图书馆管理的一项基本原则。

（二）图书馆管理的意义

1. 图书馆管理是图书馆事业具有全国规模的需要

图书馆工作是在科学发展和社会进步的推动下不断发展的，它自身同样经历着又分化又综合的过程。在科学文化信息交流中分化出图书馆系统，图书馆系统又分化成各种子系统和二级子系统；这些子系统和二级子系统又相互依赖，互相制约，不可分割，共存于图书馆系统的统一体中，共同完成向社会提供文献信息的任务。

随着人类社会的进步和科学文化的发展，图书馆的数量不断增多，类型不断增加，同用户的联系面更加广泛。这说明图书馆已不是孤立的单个的存在，而是一个社会的有机整体。因此，需要通过密切管理图书馆与图书馆之间、图书馆与用户之间的联系。

图书馆事业由各种不同类型的图书馆组成。要使具有全国规模的图书馆事业布局合理，使之协调而又有计划地发展，必须对全国图书馆事业实行科学有效的管理，以便把丰富的文献资源当作全社会的共同财富，有效地加以开发和利用。

2. 图书馆管理是有效利用信息资源的需要

信息广泛存在于自然界和人类社会，包括自然信息、社会信息、生命信息和机器信息。对于人类来讲，每时每刻都在传递和接受着大量的信息，其核心是知识。信息是动态的概念，它只有在流通中才能发挥作用。只有运用科学的方法加以管理，信息的价值才能得到有效的体现。

在当前社会中，文献是主要的信息来源，是信息存在的一种物质形态。在文献量激增的当代社会里，要求图书馆对数量庞大、内容复杂的文献资料进行准确的挑选和科学地整理加工，以便及时将信息传递到用户手中，没有对文献信息资源科学有效的管理是根本不可能做到有效利用信息资源的。所以，科学有效的管理是有效利用信息资源的前提。

3. 科学有效的管理是实现图书馆工作现代化的需要

图书馆组织管理的有效性和科学性，既是图书馆工作现代化的需要，也是实现图书馆工作现代化的基础。没有图书馆组织管理的科学化，也就无法实现图书馆工作的现代化。例如，要建立起拥有先进的技术和设备、能够迅速准确地将文献信息资料传递到用户手中的信息网络，就必须加强对图书馆工作和图书馆事业的科学有效的管理。没有科学有效的管理，就不能提高图书馆管理的水平，即使有了先进技术和设备，也不能充分发挥作用。现代化信息网络的建设及其作用的发挥，不仅取决于现代化的技术和设备，而且取决于图书馆管理的水平。

第四章 图书馆阅读服务理论

第一节 图书馆阅读服务概念及其特征

一、阅读服务的概念

本书中图书馆阅读服务是指图书馆利用馆藏资源、空间资源、人力资源等向社会公众提供与阅读相关的服务。例如，阅读推广活动服务、数字阅读服务、阅读空间打造、新书推荐、阅读指导等直接或者间接促进国民阅读的服务。信息载体形式多样化带来阅读方式、阅读内容、阅读目的"连锁反应"，信息载体有传统、数字、多媒体等多种形式，阅读方式从传统阅读方式到移动阅读、交互阅读和体验阅读等多元阅读方式共存。

赵俊玲等人在其著作中指出，虽然阅读是一种个性化体验，但是许多人片面地认为阅读是一种个体行为；还指出一个合格的阅读主体不仅应该具有阅读意识而且还应该具有一定的阅读能力。阅读能力包括选择文献的能力、理解内容的能力、阐释能力与批判分析创新能力。

阅读不仅仅是指个体、单向的行为，同时也指一种双向互动的社会活动。激发国民阅读兴趣、帮助国民培养阅读习惯、提高国民阅读能力是图书馆提供阅读服务的出发点和目的。涉及阅读研究的学科十分广泛，如教育学、心理学、社会学、图书馆学等多个学科。

二、阅读服务的特点

图书馆阅读服务是图书馆利用自身资源开展与阅读相关的一系列活动的服务，以人为本的服务理念贯穿整个阅读服务。

图书馆阅读服务的特点主要体现为服务理念与时俱进、服务资源多元化、服务方式多样化以及智能化和专业化。图书馆阅读服务有以下特点：

（一）坚持以人为本

阅读服务一直坚持"以人为本"理念。随着社会的发展，人的需求发生改变，阅读方式也发生改变。图书馆阅读服务"以人为本"看似不变但一直随着民众的需求与时俱进。传统阅读方式主要提供传统阅读服务，数字阅读方式开展移动阅读服务等数字阅读服务，从安静阅览空间到分享交流、热闹非凡的阅读活动服务，从信息中心角色到创造、分享、休闲娱乐的第三空间转变。"以人为本"理念一直贯穿在阅读服务每一个时期当中，是与时俱进的具体表现。"以人为本"是以满足"人"的需求为出发点，根据"人"的需求变化改变图书馆阅读服务方式和服务内容，是指导实践活动的指南针。

（二）阅读资源多元化

图书馆多元化资源建设，不再局限于传统资源。虽然图书馆传统资源是资源建设的重要组成部分，但是目前图书馆资源形式多种多样，包括纸质资源、数字资源、多媒体资源、三维信息资源和其他形式资源。多元化资源建设为提供高质量、优质化服务奠定坚实基础。

（三）阅读服务方式多样化

阅读服务包括流动服务、阅读空间打造、数字阅读服务、虚拟阅读体验服务、阅读推广等多样化服务。阅读服务已经融入读者生活、工作、学习等各方面，图书馆向学习、休闲、娱乐、交流、创造多功能的"第三空间"转型。

（四）服务手段智能化

图书馆借信息技术创新之风推动服务智能化发展。大数据、云计算、智能感应技术、智能导航技术和增强现实技术及虚拟现实技术、人工智能、5G等各种新技术逐渐应用于阅读服务，促进图书馆阅读服务智能化发展。新技术发展创新引领阅读服务发展。

（五）服务人员专业化

图书馆服务人员专业化是提供服务质量和水平的基本要求，图书馆越来越重视馆员知识结构层次化和专业化。图书馆追求服务专业和服务深度，阅读服务是图书馆服务的核心工作。阅读服务专业化和深度化是图书馆服务基本要求，因此，馆员专业素养的提升十分重要。目前，社会各界对于阅读推广人才的培养十分关注，图书馆界关于阅读推广人才的培养和培训已经开展，对阅读推广人才培养给予高度重视。

三、图书馆阅读服务的意义

图书馆是人们的终身学习场所,是保障公平获取知识的信息中心,也是捍卫平等自由的社会机构。图书馆开展阅读服务对社会文化建设、图书馆事业发展和个人成长具有重要意义。

(一)推动社会文化建设

社会发展离不开文化软实力,国民文化素质提高对"文化自信"具有积极影响。推动全民阅读,建设书香社会是我国长期以来推动的系统工程。全民阅读旨在促进全民培养阅读、学会阅读、喜爱阅读、享受阅读,并从阅读中得到提升,从而提高全民文化素养。图书馆在全民阅读活动中扮演着重要角色,全民阅读追求目标是"每一个人都参与阅读行列",强调"人人"。在开展全民阅读活动的社会机构中,唯有图书馆能够实现为"每一个人"提供服务。图书馆阅读服务包括为公众提供阅读指导服务、为未成年读者和儿童(低龄和学龄)提供的绘本阅读服务、家庭亲子阅读指导服务,针对老年人读者的特殊需求的阅读服务、移动阅读服务等可以满足每个读者的个性化需求。图书馆俨然成为推动全民阅读的主要阵地。图书馆通过阅读服务提高国民阅读素养,提升国民文化素质,为我国文化建设注入新鲜活力,推动社会文化建设进程。

(二)加快图书馆事业发展

我国公共图书馆法和图书馆服务宣言中有相关条例阐明阅读服务是图书馆重要使命,图书馆提供阅读服务是履行社会职能和承担社会责任的具体表现。图书馆自身发展也离不开阅读服务,倡导全民阅读、推进书香社会和学习型社会给图书馆事业发展带来机遇。在图书馆阅读推广服务中应宣传图书馆,彰显其社会价值,为图书馆事业可持续发展创造良好条件和环境。

(三)促进个人成长

阅读对每一个人的影响是巨大的。人们成长的每一个阶段都需要阅读,阅读可以影响人的性格,阅读能够培养良好品质,阅读可以拓宽眼界,阅读可以使人增加智慧,阅读能够充实自我。古今中外,阅读都被视为成长过程中最应该培养的习惯之一。图书馆开展阅读服务为个人成长提供一个随时随地"充电"的空间,同时因为阅读服务具有服务方式多样、服务内容丰富、服务资源多元等特点,可以满足不同读者的阅读需求。阅读引导、阅读推广、阅读分享、阅读空间打造等让更多国民认识阅读、了解阅读、爱上阅读,意识到阅读对个人成长的重要性。图书馆开展阅读服务为读者提供阅读资源和阅读空间,服务不同年龄段的读者。从服务"小读者"到关注"大读者",

帮助人们在成长过程中培养阅读、训练阅读、学会阅读、爱上阅读，让阅读成为不可或缺的人生"伴侣"。

第二节　图书馆阅读服务发展演进

阅读，已经成为全球关注的焦点。"世界读书日"为推动更多人阅读而设立，我国构建学习型社会、书香社会以及倡导全民阅读也是为了让更多国民加入阅读行列之中。图书馆作为社会文化服务机构，阅读服务是其履行社会职责和实现社会价值的途径之一。信息科技发展与创新、国家政策出台和国民阅读方式改变都在影响图书馆阅读服务的发展演进。

一、阅读服务发展演进时期

长期以来，人们是通过纸本等传统文献载体进行阅读的。图书馆提供的服务都是传统模式、被动服务。20世纪初人们对图书馆的需求和社会发展对图书馆服务的影响，使图书馆向"开放藏书，启迪民智"的观念转变，使图书馆服务理念实现了从"重藏轻用"到"以用为藏"和"以人为本"的转变。这一时期的阅读服务以馆藏图书资源外借、阅览为主。从古代藏书楼"藏"，到"开启民智"的公共文化服务，图书馆阅读尚处于传统服务时期。

（一）传统阅读服务

图书馆传统阅读服务时期的主要内容是文献外借、阅览服务、参考咨询服务以及传统阅读宣传等。

1. *服务内容*

（1）文献外借。传统阅读服务时期的主要服务是文献外借，文献外借从闭架借阅服务到开架借阅服务，节省读者时间，也便于读者选择图书。文献外借服务在这个时期主要有传统手工借阅、馆际互借以及流动图书馆等借阅方式。

（2）阅览室开放。传统阅读服务时期图书馆主要作为藏书空间、流通空间和阅览空间。随着开架服务的发展，藏书空间和阅览空间逐渐合一，并且趋向于借、阅、检、询统一服务。阅览室作为图书馆传统阅读服务的实体空间，利用图书馆空间资源为读者提供服务，是阅读空间打造的最早体现。这个时期的阅读空间打造主要是为读者营造安静幽雅的阅读环境以及阅读氛围。

（3）传统阅读活动。图书馆从"为书找人"的角度出发，开展阅读推荐、阅读指导、交流会、培训班、图书展览等形式多样的阅读活动，不仅向广大民众宣传图书馆，让更多的人认识图书馆、了解图书馆、走进图书馆和利用图书馆，同时也为阅读服务打开了新视角。

2. 服务特点

传统阅读服务受到古代藏书楼"重藏轻用""重管轻用"思想和现实条件的制约，图书馆服务工作常常受到忽视。这个时期的阅读服务在服务模式、服务观念、服务方式和服务重点等方面具有如下特点。

（1）服务理念被动。传统阅读服务过程中主要围绕"书"和"馆内"开展服务，重心在"藏书"和"管书"方面，因而不能根据读者需求主动提供服务，只能等待读者走进图书馆才提供服务。虽然开展流动服务，但是并未针对读者需求提供，服务被动性较强。

（2）服务内容单一。传统阅读服务时期有图书借还服务、实体阅览服务、书目推荐、传统阅读指导、读书交流会、培训班及图书展览等阅读服务，阅读活动存在形式化的问题，读者参与活动较少，对读者活动满意度调查回访等也未引起重视。

（3）服务范围局限。传统阅读服务的局限性制约读者对图书馆的认识和利用。服务局限性表现在空间距离、开放时间、管理制度方面。首先，空间距离是指读者与图书馆的距离，空间距离是影响读者需求行为转变为利用行为的直接因素之一。其次，在过去很长一段时间里，图书馆的开放时间与读者的工作时间基本一致，导致读者利用图书馆受到了限制。最后，这个时期对图书管理有着严格的借阅、阅览和检索制度，这些管理制度对读者进行限制，甚至有些书库不开放，导致服务局限性和封闭性。

（二）数字阅读服务

随着信息技术的发展，社会逐渐进入信息化、数据化时期，人们获取信息的方式和手段不断发生变化。图书馆资源建设出现纸质馆藏和数字馆藏"两条腿"并行的情况，因此，图书馆阅读服务也不能停留于传统阅读服务层面，人们对电子书、阅读APP等数字阅读媒介的选择，也促使图书馆改变阅读服务模式。阅读方式也出现传统阅读、互联网阅读和移动阅读方式共存，将国民阅读方式改变为图书馆阅读服务模式，同时数字图书馆建设提上日程，图书馆资源建设、管理、服务方式等多方面发生巨大变革。图书馆顺应时代发展，阅读服务从传统服务时期进入数字阅读服务时期。

1. 服务内容

（1）阅读导航。阅读导航是图书馆数字阅读服务的第一步。阅读导航指深层次、多角度地组织和揭示信息内容，以读者容易使用的方式展示馆藏，让用户轻松发现所需内容，即帮助读者更有效地找到所需资源。图书馆网站栏目设计和布局体现阅读导航功能，为用户发现馆藏和检索资源提供导向服务。

（2）阅读提供。阅读导航是帮助用户快速寻找资源的服务，而阅读提供则是为用户解决"如何读"的问题。传统阅读载体是纸质文献，数字阅读载体则是数字化资源，图书馆数字阅读提供在线阅读、资源下载和数字阅读器借阅等阅读资源提供服务。

（3）阅读互动。图书馆阅读互动服务是指读者参与图书馆开展的活动，实现读者与图书馆馆员、读者与读者之间互动交流。图书馆论坛是读者与图书馆馆员进行交流、评书荐书的平台，论坛是一种随意性较强的虚拟空间，读者可以自由在论坛上发表自己的想法和建议，而图书馆馆员则需要做好管理和引导工作，保障论坛"杂而不乱"，为读者创建一个良好阅读交流空间。

（4）移动阅读服务。移动阅读方式的兴起，给图书馆的发展带来新机遇和挑战。移动阅读服务是指图书馆针对移动终端推出数字图书馆应用软件或者数字阅读平台，读者在移动终端上可以利用图书馆资源了解图书馆动态等。移动阅读服务具有移动性与即时性。数字阅读平台在资源整合和共享方面具有优势。虽然目前国内数字阅读平台建设面临很多问题，但是上海市民数字阅读平台和南京图书馆移动阅读平台的典型案例为数字阅读平台建设提供了借鉴经验。

（5）"微"服务。"微"服务是指图书馆利用"微博"和"微信"平台提供阅读服务。"微"服务不仅在宣传推广图书馆方面具有优势，而且在与读者互动、提供咨询服务方面也具有优势。"微服务"是数字阅读推广活动宣传的有效方式，结合线上线下宣传，引导更多读者学会阅读、利用图书馆资源学习，提升个人的素养和能力。

（6）数字阅读推广活动。图书馆数字阅读推广是利用网络平台提供阅读活动服务，它解决了传统阅读服务时期服务受众、服务时间局限的问题，使不能到馆的读者可以通过数字阅读推广活动享受图书馆阅读服务。数字阅读推广活动已经由"网络书香"主题活动发展到了视频、讲座、征文比赛、信息检索等内容丰富的服务。

2. 数字阅读服务特点

（1）服务模式主动化。数字阅读服务时期图书馆服务由被动向主动转变。图书馆根据读者阅读方式改变资源建设的类型和内容，从传统资源到数字资源等体系化、特色化建设，为数字阅读服务奠定资源基础。通过网络媒体、新媒体等新媒介向读者推送图书馆相关信息。阅读服务从等待读者走进图书馆，到为读者推送信息、主动服务。

（2）服务方式多样化。图书馆利用互联网、新媒体开展阅读服务，如电子阅读器外借、数字阅读 APP、扫码阅读、阅读平台资源整合、数字阅读推广活动等，使数字阅读服务方式多样化，在服务中应用新技术不断提高服务效率、服务水平和读者满意度。

（3）服务平台在线化。在线是指在网络平台上开展服务工作，数字阅读服务从实体空间走向网络空间，阅读资源数字化推动图书馆服务空间的拓展和延伸，从服务进馆读者到通过互联网、新媒体等方式服务馆外读者。不仅扩大了服务受众范围，还可以将潜在读者转变为现实读者,并以此拉近图书馆阅读服务与读者的距离,同时也能够引导读者走进图书馆,利用图书馆的各种资源进而实现图书馆社会价值。

(三)智能阅读服务

随着智慧城市的建设与发展,智慧图书馆的研究与实践也提上了建设日程,图书馆阅读服务迎来新的时期——智能阅读服务时期。大数据、数据挖掘技术、物联网技术、情景化技术、RFID 技术、3D/AR/VR 技术、人工智能等技术的成熟与广泛应用为图书馆带来新机遇。智慧图书馆建设不仅需要人工智能技术的支撑,更需要智慧图书馆馆员人才。智慧馆员是智慧服务、智能服务的核心,技术是辅助手段。

1. 服务内容

(1)智能机器人。智能科技的成熟与应用对于智慧图书馆的建设十分重要,图书馆智能机器人服务在阅读服务中发挥了很大作用。智能机器人通过交互系统、语音系统等与读者进行交流,为读者提供图书定位和智能导航,给出最便捷的取书引导路线,不仅给读者带来新颖体验,同时能够节省查找资源时间,提高服务效率。智能机器人还可以提供读报、读书以及分享其他读者读书感悟等服务。

(2)虚拟阅读体验。虚拟现实技术(VR)应用于读者阅读体验,其通过穿戴式设备提供虚拟场景体验服务。虚拟体验服务有虚拟+阅读、虚拟+检索、虚拟+查询等。虚拟阅读体验让读者的阅读更加轻松、愉快并且更沉浸于阅读之中。场景式阅读体验是智能阅读服务方式之一,为读者打造一个全景化阅读空间。现实增强技术(AR)也带来阅读新体验,通过扫描二维码,就可以体验不同于传统方式的阅读乐趣。

(3)品牌阅读活动。阅读推广活动致力于打造品牌化阅读推广活动,通过打造品牌阅读推广活动,形成具有特定目标人群、活动名称、活动标识、活动方案、活动宣传等一系列完整品牌活动规划。阅读推广活动从专业上进行深度挖掘,注重活动分级细化,针对更多的群体开展活动,服务辐射面很广。

(4)城市公共阅读空间。城市公共阅读空间是图书馆打通"最后一公里"的阅读服务,而且城市公共阅读空间是自助、智能化管理,能够为人们提供自助办证、自助借还等服务。这个空间从绿色、智能、便民、地域文化的角度进行设计,不仅在地理位置上充分考虑便民,还具有地域文化特色。亲民、便民服务方式让更多的人享受到图书馆的阅读服务。

2. 服务特点

(1)服务场所泛在化。智能阅读服务场所已经不限于馆内,城市公共阅读空间打造及人工智能技术的应用,使图书馆阅读服务已经渗透至读者日常生活的每一个角落。24 小时自助图书馆、城市书房、地铁图书馆等各种服务形式弥补了图书馆阵地服务的不足,同时也拉近了人们与图书馆、与阅读的距离。

（2）服务融入高新科技。阅读服务应用技术越来越多，新技术的应用使服务高效化、智能化和人性化。3D技术、虚拟现实技术、智能定位和物联网、人工智能等新技术的应用对馆员的专业需求更加严格，馆员的知识素养需要不断加强学习和培养。

（3）服务推送智能化。大数据、数据挖掘和用户画像等新技术的应用是图书馆实现智能化推送的技术支撑，读者的阅读信息和行为可以通过图书馆借阅系统和读者信息管理系统进行分析统计，从而对每一位用户的阅读行为进行标签化处理，形成读者的用户"画像"，针对读者的阅读习惯和兴趣进行精准化、个性化推送。智能化推送服务在馆内活动、馆藏结构、馆内导航方面也有所体现，根据读者在馆内的位置，通过定位系统进行馆内信息推送，让读者随时了解馆内动态以便及时参与其感兴趣的活动。

（4）阅读推广品牌化。智能阅读服务时期要求提高优质化服务，阅读推广活动品牌化是图书馆阅读服务主流形式，阅读推广活动针对目标人群策划品牌活动已经成为图书馆界的共识。阅读推广品牌化离不开阅读推广人才培养，因此人才培养成为图书馆服务建设的重中之重。

二、图书馆阅读服务发展演进影响因素

（一）信息技术创新引领阅读服务发展

人工智能、5G等高新科技逐步融入日常生活，给人们带来了更多便利和新体验，图书馆在对信息技术的应用方面一直是个先行者，其运用高科技不断提升自身服务质量。从被动服务模式到主动服务模式再到如今自助化、智能化、人性化模式，离不开信息技术的不断创新，同时信息技术的创新也为阅读服务带来创新机遇。由此可见，信息技术创新对图书馆阅读服务发展具有引领作用。在信息技术创新发展过程中，图书馆阅读服务从单纯手工服务方式向在线化、自助化、人性化、智能化发展。随着人工智能和5G等技术的成熟和普及，图书馆将会不断优化服务、拓展服务、创新服务，为读者打造智能化、人性化的阅读空间和环境。

（二）国家政策指明阅读服务发展方向

全民阅读已经受到国家和社会高度重视。近几年国民阅读调查发现，国民阅读氛围浓厚，阅读兴趣高涨，阅读活动需求强烈，阅读推广得到社会各界关注。我国公共图书馆法指明了公共图书馆发展方向、基本目标和重点任务，同时也为我国公共图书馆事业发展提供法律保障。图书馆是一个公益性的文化服务机构，以满足读者信息需求为目标，是引导阅读、帮助阅读、解决阅读问题的阅读服务阵地。阅读服务是图书馆服务工作基础，为国家政策出台和法律制度建设指明阅读服务发展方向，做好阅读

服务工作才能巩固图书馆的社会地位和得到国民认可。

(三)国民阅读方式改变阅读服务模式

从国民阅读调查中发现,阅读已经从静止的阅读到行走的阅读,从系统化阅读到碎片化阅读,从深阅读到浅阅读,从心灵领悟到视、听、说等全感官阅读方式,国民阅读方式已经不再局限于传统阅读,而是多种阅读方式并存。国民阅读方式改变阅读服务模式,在传统阅读服务时期图书馆为读者提供文献服务;随着移动阅读方式流行,图书馆从传统阅读服务模式转向数字阅读服务和智能阅读服务,服务方式和内容都发生了改变。21世纪阅读开始趋向生活化、休闲化,图书馆为读者开展阅读活动,打造阅读空间,提供虚拟体验服务。阅读服务模式关注国民阅读行为和阅读需求,需要图书馆转变服务方式和内容,提供人性化服务。

三、图书馆阅读服务发展基本要素

图书馆阅读服务发展不仅受到外部因素的影响,同时也受到基本要素影响,这些要素主要表现在资源建设、空间打造和阅读活动开展三个方面。

(一)资源建设是服务基础

资源建设是图书馆事业可持续性发展的必要条件,也是提高阅读服务的基础条件,正如"巧妇难为无米之炊",在没有阅读资源的条件下将很难提高服务质量。资源建设在图书馆领域一直是一个重点和难点问题,特别在数字化、信息化的今天,信息技术创新使得信息知识载体、获取方式发生很大变化。资源建设需要长远计划,不仅需要考虑传统资源和数字资源建设,更需要考虑资源建设的体系化和特色化。多元化、体系化和特色化资源建设有利于阅读服务不断创新,保障图书馆事业可持续性发展。

(二)空间打造是服务拓展

国外图书馆打造城市第三空间的成功案例为我国图书馆拓展阅读服务提供了经验借鉴。阅读空间打造可以拉近人与图书馆的距离,把图书馆服务融入生活,让人接近图书馆,走进图书馆,走进阅读的世界。空间打造旨在提供更人性、更舒适、更温馨的阅读环境。把"第三空间"和"空间再造"理念融入阅读服务,拓展服务内容和方式,不再只是提供阅读资源。图书馆空间再造是在互联网时代实现空间服务功能重组与转型的重要举措。"第三空间"是为人们提供便利、学习、交流的地方,同时可以休闲娱乐、放松心情、修身养性和消除内心压力等。图书馆空间打造是阅读服务的拓展,它以读者需求为中心,功能布局适宜流畅、格局衔接自然合理,创造出和谐、宽松、情感、平等的人文环境,同时也能够根据人们的实际需求提供服务。

(三)阅读推广是服务创新

阅读推广是图书馆服务新常态,同时也是阅读服务创新形式。图书馆是阅读推广的主要阵地,图书馆馆员是阅读推广的主力军,图书馆阅读推广活动是阅读服务内容深化、教育职能升华、未来运行新常态,是创新的新表达。

阅读推广活动服务对象广泛,图书馆必须明确活动目标人群和阅读需求,有针对性地开展活动。正因为阅读推广面向的群体具有差异性,既带来创新机遇也存在服务挑战,同时也要明确活动内容和推广方式,不同的活动内容会产生不同的阅读效果。阅读推广服务是图书阅读服务创新方式之一。

第三节 图书馆阅读服务优化策略分析

为了应对目前图书馆阅读服务面临的挑战,同时也为了为读者提供优质阅读服务,本节从加强多元化资源建设、打造多样化阅读空间、提供优质化活动服务等方面提出策略,以促进图书馆事业发展。

一、加强多元化资源建设

图书馆资源建设是图书馆阅读服务基础,图书馆发展的根本也依赖于馆藏资源建设。随着信息技术的发展,知识的形式不再局限于纸质资源,图书馆必须注重纸质资源、数字资源和特色资源等多元化资源建设才能满足国民阅读需求和保障自身建设事业发展。

(一)资源类型向传统资源与数字资源并重发展

1. 重视传统资源建设规划

(1)传统资源建设经费合理化

数字出版时代环境下,图书馆数字资源建设越来越受到重视,国内外高校图书馆的数字资源经费远远超过纸质资源经费,甚至占了总经费的70%—80%,增长迅速。虽然数字资源建设比重逐年增长,但是对于纸质资源建设也不应忽视。各馆根据自身服务定位,应合理分配各类资源建设经费并做好资源采购策略。纸质资源和数字资源"两条腿"并行方法是图书馆资源建设的最佳解决方案。两种资源建设的比重需要根据图书馆服务性质和服务读者需求策划采购方案,不可一味追求数字资源使用上的"快、广、精、准"的优势就忽视其内容同化、价格昂贵等问题,同样纸质资源建设也需要考虑品种、复本等问题。未来数据库资源建设发展趋势应该更多地考虑联盟、合作、共建共享，而纸质资源建设则更趋向于打造特色馆藏建设，但是都离不开"两条腿"并行的发展需求。

（2）注重读者驱动采购模式

为了解决图书馆图书利用率和流通率低的问题，图书馆在图书采购工作中应合理结合读者需求来开展读者驱动采购模式服务，把部分资源经费用于读者参与资源建设的采购模式上，不仅能够增强读者参与感和满足对新书阅读的需求，同时还能够解决图书利用率和流通率的问题。读者驱动采购模式把读者从阅读资源利用者转变为阅读资源建设参与者，既满足读者对于新书的需求又践行"以人为本"服务理念。目前，读者驱动采购模式有多种类型，如实地即采即借型，即图书馆与书店合作，形成馆中店或者店中馆模式。馆中店模式如佛山市图书馆的新书采购，店中馆模式如内蒙古的"彩云服务"；线上快采快借型，即读者在图书馆管理系统中认证后便可以在线上通过合作书商的线上平台选择图书进行采购借阅，书商将读者所选图书通过配送商快速运送到读者手上，该模式在浙江省图书馆和新华书店集团已经得到了较好的实践效果。

图书馆注重读者驱动采购模式应该结合图书馆整体发展考虑读者驱动采购模式服务开展的价值，加强与图书馆其他服务活动结合，如与读者信息素养教育、学科服务、信息共享空间建设等相结合，以拓展读者驱动采购模式服务的价值和作用。

（3）注重多品种采购

面对纸质资源建设经费减少的情况，图书馆在纸质资源建设时应该注重多品种的采购策略。

2. 转变数字资源建设方式

随着数字图书馆建设和公共数字文化共享工程推进，图书馆在数字资源建设工作中逐渐将重心转向数字资源共建共享和数字资源整合两个方面。数字资源种类越来越丰富，依靠一个图书馆的力量越来越难以满足读者需求，因此联合建设数字资源平台以及整合数字阅读平台资源成为加强图书馆数字阅读资源建设的重要方式。

目前，国内在教育、公共文化、社会科学三大系统中联合建设中国高等教育文献保障系统，中国国家数字图书馆、文化共享工程、国家科技图书文献中心等项目，主要都是高校图书馆、公共图书馆和专业图书馆间的共建共享。在公共数字文化共享工程建设过程中，图书馆、博物馆、档案馆、文化馆等机构的联合共建共享还存在数字资源建设标准不统一、缺乏跨系统服务平台等问题。图书馆联合档案馆、博物馆和美术馆等社会机构建设数字资源平台需要强化共建共享思想，强调权利与义务相统一；需要完善统筹管理制度，保障共建共享建设进程；需要构建数字阅读平台标准体系；需要加快构建联合数字阅读平台法律保障等各方面建设。

3. 整合数字阅读平台资源

整合数字阅读平台资源是指将物理上、逻辑上自主分布的、异构的数字资源，通过运用各种集成技术和方法将它们透明、无缝地连为一体，为用户提供"一站式"的服务平台，包括"统一检索、资源链接、身份认证和个性化服务等，同时通过整合能简化图书馆对馆藏资源的管理"。

图书馆整合数字阅读资源的方式多种多样。其一，通过联机公共检索目录系统。这是基于传统书目管理的整合方式，根据整合对象的不同进行馆外整合和馆内整合，馆外整合可以实现本馆与不同馆的系统数据库对接，建立统一的接口后便可以实现资源整合目标。此外该系统还可以进行核心资源整合和相关资源整合，核心资源整合是将系统中书目信息与其电子全文图书、电子全文期刊及视听资料的对应链接，相关资源整合主要指书刊与其评论信息、来源信息的对应链接。其二，建立链接式数字资源整合，即通过网络超文本链接技术将相关知识点链接在一起，从而形成具有相关性的知识网络，是为读者提供数字阅读资源的便捷途径。其三，通过跨库检索系统整合数字阅读资源，不同的数据库检索界面和检索方式都有所不同，通过整合跨库检索界面可以提供读者检索效率和读者体验度。整合数字阅读资源检索界面是指将检索界面和检索结果的反馈界面统一化，通过聚检索技术为读者提供服务。聚检索的服务只是一个代理检索界面，它并没有资源库，通过将读者输入的查询请求转换成相应数字资源系统的检索语言和条件，同时将各个资源系统的检索结果反馈到同一界面，读者点击链接便进入相应数字资源库。

4. 开放获取资源建设

开放获取资源建设方式是图书馆界应对数据商资源垄断的策略。开放获取资源建设可以在一定程度上缓解数字资源"漫天要价"困境，同时网络信息资源数量庞大，可以为图书馆数字资源建设提供保障。此外，这些信息资源建设成本远远低于数据库商的定价。开放获取资源建设具有明显的优势，目前已经成为图书馆数字资源建设过程中不可缺少的建设方式之一。

（二）资源内容兼顾体系化和特色化

资源建设不仅需要考虑资源类型，如数字资源、传统资源和视听资源等多种类型资源建设，同时也应从资源内容体系化和特色化视角进行资源建设规划。

1. 地方文献资源建设

首先，根据图书馆所处的地域人文环境和地区发展明确特色馆藏资源的建设范围，可以在自身馆藏资源基础上强化特色资源建设，打造特色资源库或者平台。例如，从地方文献、地方人文、少数民族文化特色等角度考虑资源范围，并且不局限于当地采集，有意识地扩展地域范围，形成多维资料来源。其次，地方文献不仅需要维护文献原本形式，也要拓展其他类型，才能更系统、更完整地进行自身建设。地方文献资源建设的最终目的是服务，因此，宣传工作成为建设过程中重要的组成部分，使文献资源为人们所知并加以利用才能实现资源建设的真正价值。

2. 读者知识资源建设

王子舟教授在《论"读者资源建设"的几个问题》中阐述读者资源的类型和特点，分析图书馆对于开发读者资源的重要意义。文章中指出读者资源有读者的知识资源、人力资源、关系资源和资产资源等类型，其特征具有内隐性、活态性、不稳定性、稀缺性、自组织性等。

读者知识资源建设的意义和价值已经得到验证，图书馆开展的借阅"真人书"活动就是开发利用读者知识资源，虽然国内外真人图书馆的活动理念和主旨存在一些差异，但是都体现出注重读者隐性知识挖掘和关注读者需求的理念。读者知识资源不仅具有内容的广泛性、隐性和活性的知识形态，而且具有阅读的互动性，不同于固态的图书馆阅读资源，其可以通过面对面的借阅方式，实现双向的知识流通。图书馆建设读者知识资源需要考虑以下几点：

其一，明确读者知识资源建设的目的和主旨。在明确活动主旨后确定资源建设的主题和选题范围，通过选题确定读者知识资源建设来源，如面向社会公众征集，只要有意愿的读者都可以成为知识资料来源，包括普通民众、特殊工作岗位人员等；也可以根据主旨需求的不同来控制来源范围，面向社会精英、在一定领域中具有影响力的人。

其二，组建专门工作成员。由专人负责读者知识资料来源范围、采集方式和借阅方式，同时在真人书借阅活动中承担策划、宣传等工作，保障活动顺利进行，负责与提供知识资源的读者沟通相关事宜，达成共识。

其三，规范资源建设流程。资源建设工作的稳定开展需要规范化组织与指导，根据馆情制定有效的管理机制和运行机制，可以通过政府和社会出资赞助保障资源建设经费，同时在法律许可的条件下制定读者知识资源建设的相关工作制度。此外，加强宣传工作，提供读者知识资源建设的知晓度和认可度。资源建设的最终目的是服务读者，因此，在建设的过程中加强宣传力度，不但可以使更多读者了解图书馆建设工作，也能让读者参与活动。

3. 三维信息资源建设

VR/AR图书是三维信息资源的主要形式，其在儿童阅读资源收集、儿童阅读培养和古籍善本保存等方面具有突出优势。VR/AR图书不同于可穿戴式的虚拟现实技术，它是通过具体的电子阅读设备扫描实体图书，图书上的内容便会在电子阅读设备上以动态形式展现，如美国出版的VR系列《香蕉火箭科学图画书》，读者通过下载相应的APP后可以感受广袤的大草原上奔腾的马群，可以触摸到书中展现的一切事物甚至还能实现互动。我国国家新闻出版主管部门已经公布VR出版物的生产标准化机制，并且加快推广国际标准关联标识符（ISLI）、中国出版物在线信息交换（CNONIX）等标准。依托大数据、云计算、AR技术等先进科技，将文字、图片、音频、视频数据融为一体的三维资源将很快进入市场，如武汉市档案馆联合武汉广播电视台、武汉市文化和旅游局共同推出全国首部非遗口述AR影像图书，推出后引起了社会很大反响。图书馆三维信息资源建设将是构成图书馆多元化建设的必由之路。因此，图书馆在VR/AR图书资源等三维信息资源建设中，首先要把重心放在儿童阅读资源类、科普知识类的图书上，如低幼儿童的认知类和传统古诗词文化类等。同时制定三维信息资源的借阅和保管制度，对三维信息资源的宣传和阅读指导加以重视，开展VR/AR图书使用指导和阅读体验活动，从而吸引人们走进图书馆，关注阅读和培养阅读。

二、打造多样化阅读空间

随着信息技术发展和数字阅读流行，也产生了虚拟阅读空间。在某种程度上，阅读空间是随着阅读行为不断延伸而扩展。多样化阅读空间打造是图书馆阅读服务创新模式，从概念空间的目标而言，图书馆将会是集信息共享、教育学习、文化交流和休闲娱乐于一体的"第三空间"，从实际空间功能目标而言，图书馆将会打造功能化、智能化空间及虚实融合空间。从馆内主题、三维立体等功能化阅读空间设计、馆外智能化阅读空间布局、虚实融合空间的打造都为图书馆阅读空间服务增加亮点。

（一）馆内阅读空间功能化

1. 主题空间

打造主题空间是图书馆阅读服务的拓展，阅读空间打造目标将不再限于打造创客空间、信息共享空间和知识共享空间，图书馆主题空间将从读者需求、地域文化和馆藏特点等角度打造具有主题特色的阅读空间。图书馆在打造主题阅读空间的实践中，首先应构建主题阅读空间的理念和目标，明确打造主题空间的服务理念和实现目标，从而确定打造原则、空间设计方案、主题选择范围等事项。其次，从空间环境布局、阅读资源、服务内容和主题图书馆员四个基本要素开展主题化阅读空间服务。再次，确定主题化阅读空间的内容建设，可以从贴近人们生活的角度选定主题，也可以从特殊读者服务选择主题，还可以从地域文化角度展开选题。最后，根据主题特征打造阅读环境。阅读空间环境的设计应融入主题元素，展现主题文化，使读者进入每一种主题阅读空间都可以感受到主题阅读气息和氛围。此外，这些主题阅读空间还应具有展示、开展讲座、读者交流等功能。主题化阅读空间还可以根据读者类型进行打造，如打造绘本空间、阅读疗法空间、经典阅读空间等。

2. 三维立体空间

三维立体阅读体验将突破二维阅读感受，其能够调动读者的全感官，给读者带来一种身临其境体验和超乎想象的"穿越"感，从而更易于加深读者阅读印象和提升其对知识、信息的理解力。

三维立体化的阅读空间打造，首先，应加强与出版社联系，了解三维信息资源出版情况，调查读者对三维信息资源的需求以及同行开展三维立体阅读体验活动情况和读者反馈情况。其次，根据自身三维信息资源建设程度推广阅读体验服务活动，通过推广活动设计明确三维立体阅读体验空间的服务内容和对象，如三维立体阅读空间打造的主旨、阅读资源类型等。最后，加强对三维立体阅读空间宣传，打造阅读体验空间服务前进行服务活动预告，对三维立体阅读方式进行宣传，可以通过采访已经体验过或者正在体验三维立体阅读的读者，让他们分享自己对三维立体阅读的体验。此外，邀请专业人士开展虚拟现实技术等相关方面讲座，向读者介绍三维立体阅读空间的技术支撑、功能等知识。三维立体化阅读空间打造也是智能图书馆发展的需要，可以促进智能图书馆建设，提高图书馆智慧性和包容性。

（二）馆外阅读空间智能化

图书馆阅读空间服务不仅利用馆内空间资源来打造多功能的阅读空间，也注重馆外智能化阅读空间打造，致力于打通图书馆阅读服务"最后一公里"的服务目标，实现图书馆阅读服务价值最大化。

1. 自助阅读空间

图书馆自助服务主要分为24小时自助服务和图书馆ATM机服务，前者是将图书自助借还设备、图书检测设备、视频抓拍设备、门禁设备、图书馆业务系统等技术进行整合，建成无人值守、读者凭证入内自助借阅的区域。后者是将银行自助柜员机的理念应用于图书馆服务之中，通过RFID、机械手等技术和图书馆业务系统的结合，建成无人值守、读者自主借还图书的服务站。

本书主要分析前者。图书馆打造智能化自助阅读空间，首先需要考虑选址的合理性、科学性和均衡性，考虑周边服务人群的特点和阅读需求并进行合理规划。其次，做好资源保障。从图书更新、热门图书、最新图书的角度及时补充自助阅读资源，同时提供数字阅读资源下载平台，保障阅读资源充足。自助阅读空间可以通过系统统计分析自助图书馆内读者的阅读行为，根据读者数据行为进行精准细化配置阅读资源。此外，注重打造特色自助阅读空间，根据自助图书馆选址、服务人群等打造专题自助阅读空间。再者，注重智能化技术应用。在自助图书馆内引入智能机器人、智能语音助手等先进技术设备，不但能够实现智能化管理，还能够给人们带来更温馨的服务。最后，通过新闻媒体进行宣传报道，设计自助阅读空间的品牌形象，同时在新媒体平台上也进行宣传。此外，通过线下活动，宣传自助阅读空间的功能和操作流程等，并耐心指导人们如何进行自助阅读。

2.城市阅读空间

随着"图书馆+理念"的兴起，城市阅读空间发展迅速，其发展显现出创建主体"跨界组合"、服务内容"业务混搭"、公益性与经营性运营相结合、"唯美+生态+体验"空间设计等特征。

城市阅读空间是图书馆联合社会机构打造的公益性阅读空间，其在一定程度上拓展了图书馆阅读服务。

打造城市公共阅读空间，首先需要明确城市阅读空间的选址问题，如青番茄"In Library"把阅读空间的选址确定为城市中的酒店、咖啡馆、地铁等商业繁华地段。而北京西城区特色阅读空间则更侧重于社区、公园和街道等公共场所。阅读空间的选址可由图书馆与合作对象的性质决定，同时考虑服务人群特征确定城市阅读空间打造内容和主题。其次，考虑城市阅读空间提供什么样的阅读服务，图书馆跨界打造阅读空间需要考虑能够提供阅读服务的内容和类型。根据合作对象经营理念和服务特色提供专题阅读服务，如打造书法、绘画、茶艺、花艺等不同主题阅读空间。最后，考虑城市阅读空间环境打造问题。从空间视觉设计入手，融入唯美、时尚、个性的空间环境设计，同时也要注重融入文化元素，城市阅读空间打造也是宣传城市文化的途径之一。

（三）虚实融合环境一体化

虚实融合已经成了现代图书馆阅读服务的首要策略和方式，许多新馆建造或者旧馆改造，24小时自助服务、泛在阅读、馆内实时数据统计、馆内安全环境自动化管理及虚拟现实场景体验都实现虚实环境融合一体化。虚实融合拓展服务时间和空间，实体空间是虚拟空间的孵化器，前者功能局限催生了后者。新媒体虚拟空间可以为读者提供阅读咨询、阅读书目推荐、阅读活动预告、图书馆动态等信息服务。此外，在移动服务平台上可以提供馆藏查询、图书借还、图书预约及参与活动报名等与阅读相关服务。新媒体虚拟空间是宣传阅读服务的有效补充。

图书馆虚实融合环境一体化不仅是两种形态空间共存，更重要的是两者的互动和有机融合，形成完整互动链。通过互联网技术、二维码等新技术支撑，在虚拟空间聚拢读者，在虚拟空间提供阅读服务，如读者通过网上借阅平台提出借阅需求，图书馆找到读者所需图书后通过物流直接邮寄给读者或者投放至读者附近的分馆中，同时通过网上借阅平台通知读者，这种虚实融合、环境一体化的服务模式拓展了服务内容，同时服务时间和服务范围也在一定程度上得到拓展。

三、提供优质化阅读推广活动

图书馆阅读活动深化服务内容，升华图书馆教育职能，是服务新常态也是服务创新的新表达。图书馆开展优质化阅读活动需要联合社会力量、引入服务新理念和强化人才培养。

（一）打开合作共赢之门

"互联网+"中"+"代表着联合、融合、跨界、开放、变革，"互联网+"时代是一个"跨界"时代，每一个行业相互渗透，行业边界被打破，促使行业间相互吸收、融合。在此背景下，图书馆深受"跨界融合"影响，如2016年和2018年的"上海国际图书馆论坛"都对"图书馆跨界合作"主题进行探讨和研究。图书馆融合社会力量成为"图书馆+"主要形式，图书馆跨界融合、合作共赢的主要实践案例是，与书店、出版机构合作，与数据供应商融合，与网络电商跨界合作，与互联网等新媒体和新技术融合，融入信用评估，与文化休闲类机构合作以及其他阅读服务组织合作，这些跨界融合实践为图书馆阅读活动跨界合作提供了经验。再加上阅读推广活动主体多元分布，社会各界积极投入阅读推广行列，图书馆应打开合作之门，联合社会力量策划优质化阅读推广活动。

1. 联合商业机构开展阅读推广

图书馆+书店、图书馆+咖啡店、图书馆+花店等"图书馆+"跨界融合模式是图书馆阅读服务新形式，这些悄然形成的阅读空间已融入了读者生活。图书馆融合商业机构联合开展阅读活动成为图书馆阅读服务创新举措：与商业机构合作，由商业机构提供活动场所，图书馆提供主题阅读资源，同时根据商家经营产品，开展相应活动主题。例如，图书馆与花店联合开展花艺培训，不仅吸引爱花读者，让读者了解花艺，从而对花艺相关的书籍产生兴趣，自然促进阅读，同时也提高花店的知名度，实现双赢目标。图书馆联合商业机构主要为了营造休闲阅读氛围，打造更和谐亲民的阅读空间，使阅读融入人们生活的方方面面。

2. 联合专业机构开展阅读推广

针对读者较为关注健康、教育、成长和医疗等方面的特点来策划阅读推广活动。由于馆员知识结构有限，难以满足读者需求，但是图书馆可以打开合作之门，通过联合专业机构开展专业信息咨询会、讲座、知识讲堂等活动，联合专业机构补充服务形式和丰富服务内容。图书馆阅读活动主题随着阅读需求泛化将会越来越深入和专业，开展专业性较强的阅读活动对于没有专业基础的馆员具有难度，通过联合专业机构开展活动可以解决这个问题。图书馆在选择联合专业机构时需要从读者需求调查着手，充分了解读者需求，最大限度保证活动开展效用。同时也应该与专业机构达成合作协议，形成稳定合作关系。

3. 联合民间阅读组织开展阅读推广

我国民间阅读组织主要针对儿童阅读和未成年人阅读开展活动，为推进全民阅读注入了新的活力。民间阅读组织在儿童阅读方面以学校和社区为主要阵地，这方面的推广对于公共图书馆而言是一种很好的补充。目前，影响力较大的儿童阅读民间组织有真爱梦想公益基金会、天下溪公益图书平台、担当者行动教育基金会、海外中国教育基金会、六和公益、爱心点灯、蒲公英乡村图书馆、亲近母语研究院、西部阳光农村发展基金会、纯山教育基金会和陈一心家族基金会等。虽然它们服务人群定位各异，但都把志愿服务与公益项目相结合，致力于推动中小学素质教育发展。图书馆与民间阅读组织的目标不谋而合，两者联合开展阅读活动，对于儿童阅读建设具有极好的社会影响力。民间阅读组织的服务开展到哪里，图书馆的脚步就走到哪里，一方面可以为民间阅读组织提供阅读推广活动指导，另一方面双方共同搭建阅读服务平台，二者优势互补，可以凝聚更多喜爱阅读的人。

图书馆打开合作之门，联合社会力量提供阅读服务带来多方面积极作用。首先，拓展活动内容。社会力量涉及面广，可以使"阅读"与更多的元素联合发展，提高读者的认知度。其次，加强活动时效性。社会组织具有较强的社会变化敏感度，通过联合社会力量开展活动能够及时融入社会热点，增强读者的新鲜感。再次，保障活动专业性。专业性较强的阅读活动有了专业人员和专业机构的加入，活动的精准性和切入点会得到保障，增强读者的获得感。最后，创新活动形式。联合社会力量开展活动的形式增多，不再限于单一的读书活动，可以选择实际操作、参观、交流等形式，增强读者的参与感。

（二）引入创新服务理念

"分众阅读"是阅读文化学的基本原理之一，由"分地读物推广""分级读物推广""分龄读物推广""分时读物推广"和"分类读物推广"等，共同组成阅读文化学的重要方法论系统。把"分众阅读"理论作为阅读活动服务指导思想，可创新服务理念。"分众"阅读活动是指图书馆根据读者群的年龄、职业、兴趣等加以细分，然后再根据细分读者群体的阅读需求进行组织、策划"分众阅读"活动形式和内容，以实现满足目标读者需求的目标。

1. "分地"阅读推广活动

图书馆阅读推广活动针对读者特征细化分众，开展"分地"阅读活动。不仅满足不同读者需求，同时拓展阅读活动受众范围，解决目前图书馆阅读活动服务受众范围不广问题。"分地"阅读活动主要根据每个人都有自己的故乡，归属感较强，图书馆拥有一定的地方文献和乡土读物，在此基础上开展家乡情怀和乡土文化主题的阅读推广活动，能引起读者共鸣。此外，分地阅读推广还可以根据推广地点开展阅读服务，如流动图书馆进入工地、养老院、学校、监狱等不同的地点为不同的人群提供针对性的阅读服务。

2. "分级"与"分龄"阅读推广活动

"分级"与"分龄"阅读推广活动主要根据读者的年龄阶段不同,具有不同的阅读需求开展服务活动。从儿童和青少年的身心和思维发展特征出发,开展不同成长时期的阅读活动,旨在培养读者阅读兴趣、引导读者阅读、帮助读者学会阅读。公共图书馆在"分级"与"分龄"阅读推广活动方面主要针对儿童、未成年人、老龄人开展。

3. "分时"阅读推广活动

"分时"阅读活动主要根据"时间"开展相关主题阅读活动,如每年世界读书日,图书馆都会开展多种阅读推广活动。利用一个具有纪念意义的"时间"作为阅读活动主题进行阅读推广,可以增加阅读趣味性和读者参与率。我国传统节日资源丰富,每一个传统节日所蕴含的传统文化和美好愿景都可作为图书馆进行阅读推广活动的主题和内容。如春节、端午节、中秋节、重阳节等都具有浓厚的主题意义。此外,除了这些传统节日,还可以从国庆节、儿童节、建军节、教师节等具有主题含义的节日出发,开展主题阅读活动。图书馆在策划阅读推广活动时应该从与读者生活相关的角度思考,融入读者的生活,才能吸引读者关注活动和参与活动,才能实现阅读服务的目标以及达到阅读推广的效果。

4. "分类"阅读推广活动

"分类"阅读推广活动主要是从不同活动类型开展阅读活动,如数字阅读活动、经典阅读活动和时尚阅读活动等多种类型阅读推广活动。数字阅读活动主要开展数字阅读资源宣传、数字阅读方式培训指导和数字阅读体验,在数字阅读活动中推广馆藏数字资源建设、宣传数字资源平台和指导读者下载移动数字阅读APP等。"分类"阅读推广活动不仅注重从不同主题分类,也注重从活动类型分类,目前,国民阅读方式多元化,阅读活动形式和内容也十分丰富多样,从活动类型的角度策划阅读推广活动,可以满足读者不同阅读方式的需求,同时也可以实现阅读活动受众范围扩大的目标。

(三)强化人才培养力度

1. 转变培养模式

专业化阅读推广馆员的培养需要有具体的培养方案,包括培养目的、培养模式和培养手段等几个方面。首先,理论学习与实践工作相结合,通过支持馆员参加各省和中国图书馆学会举办的阅读推广人培训班和会议,进行阅读推广服务理论专著学习和案例分析学习,听取行业专家专题报告等多途径进行理论学习。同时在开展活动后及时进行总结汇报,把实践中遇到的问题,结合理论与实践进行总结分析。其次,专业教育和继续教育相结合,短期在职人员的继续教育目前主要有国家性和地方性的阅读推广人培训,不断出版教材,形成系统化教育培训体系。专业性教育目前较少,可以借鉴国外培养经验，在图书馆学专业下增设阅读推广研究方向，并采用跨院校、跨专业的合作培养模式，培养具有专业知识和专门技能的阅读推广人才。最后，采取多种培养方式。一方面，通过实地参观学习、现场教学形式和面对面交流的方式进行学习。另一方面，借助网络平台在线学习，如"阳光悦读"直播间邀请了王余光教授等知名学者分享研究成果和指导理论学习；iGroup在线课堂，该课堂开设过国际阅读推广案例分享、经验交流和国内高校图书馆、公共图书阅读推广等课程。

2. 培养核心能力

图书馆开展阅读活动趋向品牌化和专业化，因此，从事阅读推广活动的馆员必须具备相关素养和核心能力。专业化阅读推广馆员应该具备良好的职业品质、专业基础、阅读素养和良好的文献服务等基本素养，在满足基本素养条件下培养核心业务能力。对于专业阅读推广人才培养，首先，应该培养其策划、组织能力，包含阅读活动主题、活动项目、任务分配、活动方案、经费预算以及活动结束后的总结评估。其次，注重其写作宣传和活动营销能力，阅读推广活动需要好文案、好宣传、好总结和细分析，而这些都离不开扎实文字功底和良好写作风格。在纷杂凌乱的网络环境下，能够直击心灵的文字才能让读者停止滑动的指尖，高质量、高水平的宣传文案才能吸引眼球、增加人们的兴趣和提高读者黏性。此外，在跨界合作背景下培养沟通协调能力更显重要性，图书馆员具有良好沟通协调能力不仅在部门沟通协作工作中具有积极作用，在与其他机构合作时则变现为"公关能力"，主要为控制能力、介入能力、适应能力和协调能力。以上核心业务能力并不是要求所有的馆员都具备，而是可以根据馆员自身现有的能力条件注重培养一方面或者几方面的核心能力。

3. 强调考核评估

建立严格的培训考核和评估制度，是对阅读推广人培养的效果保证。每一位参加培训的阅读推广人在接受培训中和培训后都应该进行考核评估，只有通过考核才能认证其阅读推广人资质。考核评估机制不应只有培训结束后的测评方式，应强调在培训过程中完成相应实践活动，如策划活动方案、宣传方案以及总结分析等综合能力的评估，达到以"评"促"学"的目标。强调制定严格的考核评估制度，一方面，可以让学员在课堂上集中精力认真学习，避免逃课或散漫情况发生；另一方面，可以在考核评估中了解学员学习程度，通过考核评估了解学员掌握程度和各自的需求，因材施教，使阅读推广人的能力真正得到提高。

阅读推广人培训考核评估也应该制定短期制和长期制，短期的考核评估主要针对在培训期间对学员学习情况了解，长期的考核评估则在培训后的工作中进行评估，只有在实际工作中才能真正评估阅读推广人的能力和检验培训效果。因此，要将长短期考核评估制度相结合才能真正评价阅读推广人的培养效果，才能在考核评估期间发现培训中存在的问题、需要调整哪些培养方案和解决问题的办法，从而完善培训体系，保障培训效果和质量。

  品牌化阅读活动服务需要专业的活动推广人作为支撑，注重阅读活动推广人的核心能力培养和专业素质提高是对品牌化阅读活动服务的成功保障。人才的培养是阅读服务不可或缺的重要部分，只有培养专业化人才才能够保证阅读活动服务持续开展和良好效果。

第五章　网络环境下图书馆的读者服务管理和读者教育

自21世纪以来,以网络为中心的计算机技术、通信技术、数字信息化技术以及计算机国际语言化技术的突破,为图书馆带来了一个全新的网络环境。在这一环境之下,图书馆的读者服务工作、用户教育等都发生了明显变化,本章将对此进行详细论述。

第一节　网络给图书馆带来的变革

网络技术日新月异,目前已经渗透到人们日常工作学习的各个方面,深刻地改变着人们的生活方式,尤其在作为知识生产、存储与传播中心的图书馆,网络更是起到基础支持作用。事实上,在当前图书馆的发展中,网络产生的影响越来越大,并促使图书馆不断进行变革以适应网络时代社会的发展状况。具体而言,网络促使图书馆在以下几方面发生了重大变革。

一、改变了图书馆的办馆思想观念

图书馆事业的发展、图书馆工作效益的提高,都必须以先进的、正确的思想观念为动力。网络环境促进了图书馆的变革,一系列新思想、新观念被引进了图书馆界,开阔了图书馆人的视野,改变了传统图书馆只追求单个图书馆藏书体系完整性和系统性的"馆本位"和"书本位"的观念。具体而言,网络促使图书馆产生新的办馆思想观念具体如下。

第一,信息价值观,即信息是资源,信息是财富,信息是商品,利用信息成为信息社会人们的自觉行为。

第二,开放意识,即要对图书馆内外的纸质文献、电子资源、网络信息等一切资源进行充分利用,以便提供更为优质和多样化的服务。

第三,信息共享意识,即要有大图书馆观。虽然每个图书馆都是独立的个体,但在信息交流活动中它们都是联合体中不可分割的一部分。一个图书馆在发展的过程中要与其他图书馆进行有效的协作。

第四,开发意识。即图书馆的信息资源虽然极为丰富,但大多处于无序状态,只有对这些信息资源进行重组、整合和分层次加工,才可能使其成为高质量、高水平、高智能含量的信息产品。

第五,创新意识。即图书馆要不断创造新的服务方法和服务形式,为用户提供优质、便捷、新颖的信息服务。

二、改变了图书馆的建筑与设备

网络环境对图书馆建筑、设备的影响,具体来说如下。

(一)网络环境要求图书馆具有先进的设备

在网络环境下,为了充分利用新型电子文献,提高服务质量和效率,图书馆需要不断引进先进的技术和设备,如计算机、专用服务器、扫描设备、打印设备、触摸屏等。

(二)网络环境要求图书馆馆舍具有智能性

在网络环境下,图书馆必须配置楼宇自动化系统、办公自动化系统与管理信息系统、先进的通信网络系统,并通过结构化综合布线系统使各种功能构成统一的整体。这对于提高图书馆的服务水平和管理水平都有重要的作用。

(三)网络环境要求图书馆的布局合理

在网络环境下,图书馆应根据信息技术应用的要求来设置专门场所,如设置具有相当空间的电子阅览室、信息检索室等,以营造良好的学习和交流文化信息的氛围。

三、改变了图书馆馆藏资源的建设

图书馆馆藏资源建设深受网络的影响,具体表现在以下方面。

第一,网络使图书馆的馆藏结构发生了重大改变。在网络环境下,图书馆馆藏不再仅指图书馆的纸质文献,凡通过图书馆提供的文献都是馆藏。图书馆馆藏文献应包括两个部分:一部分是本馆收藏的纸质文献和开发收藏的电子文献;另一部分是网络虚拟信息资源。网络虚拟信息资源是一种时效性很强的动态信息,它具有品种多样、信息量大、状态无序、不稳定等特点。网络虚拟信息资源汇集了全球范围内的信息,极大地拓宽了图书馆信息的来源渠道,成了现有图书馆馆藏的强大后盾和补充。图书馆的现实馆藏和虚拟馆藏,可以对不同读者的多样化需求进行有效满足。

第二，网络使图书馆的信息资源采集渠道得到大大拓展。在网络环境下，图书馆不仅能通过传统的订单订购、书店采购、交换和受赠等途径获取文献，还能通过网络进行采购，或直接在网上购买信息资源的网络使用权。

第三，网络使图书馆的信息共享成为现实。图书馆界借助网络可以进行文献采购的分工与合作，避免了重复和遗漏，从而形成一个相互协调、互补优化的信息资源保障体系。

第四，网络使图书馆的馆藏评价标准发生了改变。在网络环境下，评价图书馆的信息资源不仅要看馆藏数量，更重要的是看馆藏资源结构以及新型信息资源的使用环境；不仅要看现实馆藏，还要看虚拟馆藏。

四、改变了图书馆的服务方式

图书馆必须具备的基本职能，便是为读者提供所需要的信息服务，这也是图书馆各项工作的最终价值体现，是图书馆联系社会、面向用户的重要途径。传统图书馆为读者提供信息服务，主要体现在馆藏文献的借阅上。但在这一过程中，由于图书馆存在复本不足的问题，因而常有拒借现象。而在网络化条件下，文献的借阅主要由计算机流通系统或者读者在自己的终端上自动完成。图书馆传统的服务方式将在自动化和网络化的冲击下发生深刻的变化，具体表现在以下几个方面。

第一，网络使得图书馆的服务宗旨发生了重要改变，即越来越注重"以人为本"和为所有读者服务的思想。

第二，网络使得图书馆的服务范围得到大大拓展。网络环境下图书馆开始越过"围墙"，从固定场所走出去，主动接触用户。

第三，网络使得图书馆的服务形式变得多样化。在网络环境下，图书馆可以开展联机书目查询、网上检索、网上咨询、远程登录、预约登记、网上培训、馆际互借、专题讨论或电子论坛、布告栏、信息检索、电子邮件、用户点播、远程电视会议等服务，服务形式可谓多种多样。

第四，网络使得图书馆的服务模式发生了改变。在网络环境下，图书馆可基于内部局域网、校园网和国际互联网等模式为用户提供形式多样、内容丰富的信息服务。信息检索和使用的界限逐渐模糊，提供珍贵文献和智能服务将成为重点，个性化服务、特色化服务、网络信息导航服务和用户培训会受到重视。图书馆服务工作从以满足读者书刊借阅的文献需求为主的模式，转移为以满足读者的知识信息需求而开展的，以知识开发服务为主要功能的模式。

第五，网络使得图书馆的服务时间大大延长。在网络环境下，用户可以在自己家中或办公室里随时使用图书馆，享受图书馆服务时间的限制大大减弱。

五、改变了图书馆员的工作理念与环境

网络对图书馆员的影响,主要表现在以下几个方面。

第一,图书馆员的主体意识在网络环境中得到了大大增强。图书馆员自身所体现出的强烈的学科意识以及自觉的创造精神,便是图书馆员的主体意识。在网络环境下,信息技术的革新导致图书馆事业内在发展规律发生变化,导致适应新的社会环境的图书馆活动模式的改变。馆员必须主动认识到这一转变的必然性,培养发展进取的理念,努力激发自身的创造性,主动关注外界的变化及其对图书馆的要求,研究相应的服务对策,让主动创造意识成为图书馆馆员的基本理念。

第二,图书馆员的工作环境因网络而发生了重大改变。在网络环境下,图书馆员将每天面对大量的电子文献和网络信息,馆员与读者的交流既有面对面的,也有网上的。

第三,图书馆员的素质在网络环境中得到了大大提升。具体而言,图书馆员在网络环境下必须具备计算机应用能力、获取各种专业信息的能力,而且要有较高的外语水平和创造性思维。

第四,图书馆员的岗位结构因网络而发生了变化,即图书馆需要新增网络信息资源建设人员、网络信息资源检索人员和数字化信息转换人员等。

六、改变了图书馆的管理模式

图书馆要优化信息资源、提高工作效率和服务质量,一个重要的举措便是不断地提高管理的质量。传统图书馆的管理基本上停留在经验管理、封闭管理的层次上,其业务组织结构是一种线性模式。而在网络环境下,图书馆的管理将发生重大变化,具体表现在以下几方面。

第一,信息技术在图书馆的应用,使人管理人的模式被人管理机器的模式取代,管理体制更加科学化、系统化、合理化。

第二,现代信息技术的广泛运用,改变了图书馆的组织机构。根据信息技术应用情况和图书馆工作环节的变化,组织机构必将撤并或新增。这有利于提高图书馆的工作效率;有利于以读者为核心开展主动服务;有利于多种载体信息资源的互补共存、合理使用;有利于建设数字化的馆藏资源。

第三,现代信息技术使得图书馆的管理效率大大提升。在网络环境下图书馆将减少管理层次和管理成员,使组织结构扁平化,管理将变得灵活敏捷。

第四,现代信息技术使得图书馆的管理更加具有深度。在网络环境下各种数据统计更加精确、便捷,管理者可随时掌握第一手资料,还可以及时利用电子邮件或BBS交流管理信息和经验。

七、改变了图书馆的信息整序

图书馆自出现以来，一直在致力于发现信息的秩序并对之加以组织，致力于解决信息的无序状态及其与信息用户特定需要之间的矛盾。传统图书馆的信息组织活动基本上是在手工操作或机械操作的情况下进行的，每个图书馆几乎都要重复分类和编目工作，而且对信息内容的提示也极为浅显。而在网络环境下，图书馆的信息整序发生了重要改变，具体表现在以下几方面。

第一，网络使得图书馆的信息整序变得深层化。在网络环境下，图书馆采用数据仓库、超文本、多媒体等技术，可以方便地按全文专题、信息单元等形式组织信息。

第二，网络使得图书馆的信息整序变得自动化。网络使得图书馆信息整序的技术标准和性能指标向国际靠拢，自动分类和自然语言检索等大大解放了人力。

第三，网络使得图书馆的信息整序变得高效化。在网络环境下，图书馆采用先进设备的应用和多馆联合作业的模式，取得了一次输入多种输出、一馆输入多馆享用的成效。

第四，网络使得图书馆的信息整序变得数字化。在网络环境下，图书馆可将各种形式的信息（如纸质的、缩微的、声像的）数字化后提供给网络用户使用，也可组织较大型的数据库管理等。

第二节 图书馆读者服务模式的演变与发展

随着社会的发展和技术的进步，图书馆在技术条件、读者对象、信息载体形式、读者需求等方面发生了巨大变化。与此相适应，图书馆的读者服务模式也在不断发生改变。

一、图书馆读者服务模式演变与发展的原因

图书馆的读者服务工作总是在社会大环境变化发展的影响下不断进行着动态的调整和拓展，因此，政治形态、社会发展、经济形势、资源形态和科技进步都是推动图书馆读者服务模式演变与发展的重要力量。

（一）政治形态

图书馆事业的健康发展，必须以稳定的政治为前提。中华人民共和国成立后，图

书馆事业在中国共产党的领导下走上了社会主义的发展道路，为人民服务成为图书馆服务的主导思想，提出了要以"千方百计为读者服务"的口号。为此，各图书馆加强了图书流通工作，为了更好地为读者服务，开展了一系列的图书宣传和阅读辅导活动，培养了读者的读书兴趣，吸引了广大读者，提高了图书流通率。20世纪50年代，党中央提出"向科学进军"的号召，举国上下重视图书馆事业，要求图书馆在向科学进军中"兵马未动，粮草先行"。在此影响下，图书馆也有效地开展了读者服务工作，不但想方设法吸引读者来馆借阅，而且积极为科学研究服务。党的十一届三中全会以后，随着全国工作重点转移到了现代化建设上来，图书馆的读者服务工作也进入了一个新的发展阶段，图书馆在办馆条件、人员队伍、技术方法、管理手段、服务工作等方面都取得了巨大的发展。

（二）社会发展

图书馆要想得到健康和有序的发展，必须有良好的社会环境和充实的物质基础。通常而言，社会发展迟缓时，经济发展和科学技术发展也会相对迟缓、落后，对图书馆的经费投入就会减少，可提供给读者的资源和可采取的服务手段都会受到制约，图书馆的读者服务工作就会随之落后。社会进入快速发展阶段，随之而来的是经济的发展、资源的丰富和技术的进步，图书馆可以有更多的经费投入，用更加先进的服务手段为读者提供更加丰富的信息资源。

就当前而言，随着社会的进步与发展，图书馆的读者对象、读者需求、资源载体形式、文献数量以及技术条件等都发生了变化，读者服务模式也发生变化。由此可以断定，社会的发展在图书馆读者服务模式的演变与发展过程中起着极为重要的作用。

（三）经济形势

图书馆要想发展，必须有雄厚的物质基础，即经济实力。由于图书馆的经费来源主要是国家拨款，图书馆的设施建设需要财政支持，购书费、工资、办公费等都需要国家财政不断地拨付，因此，国家的经济发展状况会对图书馆的发展产生重要影响。自改革开放以来，随着市场经济的高效运作，图书馆事业进入全面建设的新阶段。国家对图书馆的经费投入空前增长，无论是图书馆的建设经费还是文献购置，经费都有大幅度提高。而图书馆经济环境的改善，又带来了图书馆信息资源建设的飞速发展，进而直接推动了图书馆读者服务工作从内容到形式的巨大变革。

（四）资源形态

在以纸质文献为主导资源的时期，图书馆的读者服务模式必然围绕着纸质文献和图书馆馆舍展开。而随着社会的进步和技术的发展，知识信息赖以存储的载体和周边环境发生了翻天覆地的变化，人类获取知识信息的途径也发生了很大的变化，出现了缩微型、音像型、机读型等各种资源载体形式，特别是电子载体正以其高速度、高容量、大范围、多样性的优势，全面赶超印刷纸质载体。这些新文献载体形式的出现，极大地推动了读者服务模式的转变。一方面，不同的文献载体形式需要不同的服务手段配合，这样读者才能够利用这些资源；另一方面，图书馆能够在很小的空间内存储大量的目录、文摘甚至全文，知识信息的传播可以快捷、方便地进行，节省了工作人员和读者的时间，提高了效率。更为重要的是，这些存储在电子载体上的知识信息可以通过计算机网络或远程通信技术进行广泛的传播，读者不论在何时何地，只要有网络就能得到图书馆的服务。

（五）科技进步

当前，各分支、交叉学科层出不穷，这一趋势使读者需求也发生了相应变化。随着文献数量的增多、知识老化周期的缩短以及边缘学科的不断产生，读者的研究课题往往需要利用跨学科、跨领域的研究成果和文献，因此，他们既希望在图书馆查阅到综述性文献，又希望得到具体数据，还希望尽快掌握国内外有关研究的新成果、新进展、新动向等，都对图书馆的要求也越来越高。这在很大程度上推动了图书馆信息服务工作的发展与转变。

此外，随着多媒体技术和通信技术的发展，数字图书馆崛起，校园网、系统网、地域网和国家网的相继建成，更为图书馆的网络化延伸与扩展提供了良好的条件，使图书馆事业进入全面高速的发展时期，图书馆的读者服务工作也随之发生了空前的变化，向信息化、网络化、数字化迈进。

二、我国图书馆读者服务模式演变与发展的历程

中华人民共和国成立以来，我国图书馆的服务模式经历了一个与时俱进、不断革新的发展过程。具体而言，我国图书馆读者服务模式的发展主要经历了以下几个阶段。

（一）封闭服务模式阶段

自1949年至20世纪60年代中期，我国图书馆通常以固定的馆舍空间为平台，以自主收集各种纸质文献为基础，以服务于本地区、本系统内的读者为己任，以为读者提供阅览、外借书刊服务为最基本的服务方式和工作主线，形成藏、借、阅相互分离，独立运行的封闭管理模式。

（二）注重"藏用并举"的读者服务模式阶段

从20世纪70年代中期至90年代后期，我国图书馆的读者服务工作开始向"藏用并举"的方向发生转变。在管理方式上，许多图书馆开始进行由较为封闭的闭架服

务向半开架、开架阅览流通服务模式转变的探索。具体而言,这一时期的图书馆读者服务模式有以下几个鲜明的特点。

1. 图书馆馆藏管理开始尝试局部开架或半开架的方式

自 20 世纪 70 年代中期起,由于受到读者需求变化的影响,我国图书馆开始在局部区域对部分馆藏实行半开架甚至是全开架的管理。进入 20 世纪 80 年代,半开架甚至是全开架的图书馆馆藏管理受到了全国范围内越来越多图书馆的认可,半开架、全开架方式提供借阅服务的模式也随之成为各馆读者服务工作改革的主要内容。1987 年,国家颁布了《普通高等学校图书馆规程》,以法规的形式对高校图书馆"做好流通阅览工作,逐步扩大书刊资料的开架范围,实行常用书刊的开架阅览、短期借阅,提高利用率,降低拒借率"都提出了具体要求,从而极大地推动了图书馆读者服务工作的开放化管理。

2. 图书馆读者服务越来越重视"藏用并举"

在进入 20 世纪 80 年代后,我国不少图书馆开始把馆藏划分为利用率最高、较高和较低三级来调整、组织藏书体系,以建立新的适应读者需求的新藏书布局模式。图书馆这一藏书布局模式的产生,标志着图书馆读者服务工作从"重藏轻用"向"藏用并举"的方向迈进。

3. 图书馆读者服务的内容日益多样化

在这一时期,随着技术的进步,图书馆服务手段逐步现代化。复印机、缩微设备和声像设备在图书馆得到广泛应用,既节约了读者利用文献的时间,也极大地解放了人们的思想,使大量的珍贵馆藏得以充分利用,增强了图书馆读者服务的能力,拓展了读者服务的领域和方式。

4. 图书馆的主动服务意识有了很大提高

图书馆的主动服务意识在这一时期有了很大提高,具体表现在以下几个方面。

第一,图书馆编制了各种专题目录或联合目录,以方便读者查找资料。

第二,图书馆普遍设立了专门的参考咨询服务部门,开展情报服务工作。

第三,图书馆开展了"对口服务""定题服务"等,有目的、有针对性地为读者代查、代译文献资料,打破了图书馆传统的服务工作方式。

5. 图书馆开始重视读者教育

图书馆通过开展读者教育,可以有效培养读者信息素质,提高文献信息资源利用水平。从 20 世纪 80 年代开始,图书馆界逐渐意识到读者教育的重要性。以教育部 1984 年 2 月 22 日印发的《关于在高等学校开设"文献检索与利用"课的意见》为契机,我国高校图书馆普遍为在校大学生开设了文献检索与利用课。

该课程使图书馆以教学的方式把参考咨询服务送进课堂,送到每位学生身边,是新形势下参考咨询的一种独特服务形式,这在世界高校范围内都是一种创举。文献检索与利用课的开设和普及,极大地提高了高校图书馆广大学生读者的信息能力。除此之外,其他类型的图书馆如公共图书馆等也开展了多种形式的读者教育,大大促进了图书馆信息资源的开发和利用。

(三)全面开放服务模式阶段

从20世纪末开始,随着计算机技术、网络技术、通信技术和数字技术等现代信息技术在图书馆的广泛运用,图书馆读者服务工作以先进的开放管理理念为指导,以数字化、网络化技术为保证,以提高服务质量和服务效益为目的,开始探索和全面推行以大开间、大开放、自助式和全天候为特征的服务模式。从总体上来看,这一时期的图书馆读者服务模式呈现出以下几个鲜明的特点。

1. 形成了日益开放的读者服务思想

在当今读者群体规模不断扩大、需求多样化以及各类文献信息不断增加的背景下,为了使有限的购书经费产生最大的效益,"最大限度向读者开放"已经成为现代图书馆发展的基本思路。在这一基本思路的影响下,图书馆逐渐形成了全开放的读者服务模式,并切实把为读者服务放在首要地位,把服务工作的立足点放在读者利益至上的高度,通过科学管理,深化服务,变封闭分割的、各自为政的管理为开放融合的一体化服务。这不仅使图书馆实现了从"重藏轻用"向"以用为主"的服务思想转变,打破过去那种单纯地守着书库、读者查目、工作人员进库找书的被动服务局面,而且使读者在查找、阅读、使用文献时享受到充分的自由与方便,读者的需求也得到了最大限度的满足。

2. 信息资源数字化服务在图书馆读者服务体系中日益重要

自20世纪末以来,伴随着互联网的普及和数字化技术的快速发展,各图书馆逐步建立了以数字资源为基础,以门户网站为平台,以互联网为纽带的数字图书馆服务体系。在此影响下,全新的数字图书馆服务体系日益形成,给图书馆的服务模式带来了巨大变化。具体而言,大量数字化的全文图书、期刊、学位论文、报纸、专利、标准等海量信息资源的引进,使一个基础比较薄弱、馆藏比较单一的小型图书馆,能够在很短时间内跨越式地建立与历史悠久的大型图书馆水平相当的文献资源体系,甚至在资源的结构上更加完善。这样一来,图书馆便能更好地为读者提供服务。

三、图书馆读者服务模式演变与发展的趋势

纵观图书馆读者服务模式演变与发展的历程,可以发现其呈现出以下几个鲜明的发展趋势。

（一）图书馆读者服务意识不断增强

对于传统图书馆而言，服务工作的好坏主要是通过它们对文献的收集、整理、存储、保管的情况来衡量的，服务工作则没有硬指标而处于被动应付的局面。但是在进入信息社会后，人们对图书馆的衡量标准不再是藏书情况，而主要看它能为读者提供多少优质服务，能否满足读者的一切需求。也就是说，这一时期的图书馆要想做好自己的工作，必须把主要精力放在为读者服务上，切实围绕人们的信息需求和文化需求收集文献。

（二）图书馆读者服务方式日益多样化

传统图书馆的读者服务工作主要是借还图书、等读者上门的被动服务，即便实现了较高层次的参考咨询服务，也只是利用手工编制的一些书目索引和有限的印刷版工具书回答读者提出的问题。进入信息社会后，伴随着计算机的普及以及信息技术的迅速发展，读者服务逐渐摆脱了传统的服务方式，摒弃了单个、重复、被动、琐碎的手工服务，读者通过计算机网络终端，可以随时查找所需要的信息。现代信息技术的应用，扩大了图书馆的服务范围，使图书馆的服务方式新颖多样，开展信息的深加工，如代查、代检索、代翻译、代复制、光盘检索、开展网上专题信息服务等，使提供信息资源的范围和方式更加广泛和灵活。

（三）信息服务成为图书馆主要的读者服务方式

收集、存储、著录、检索、流通、阅览文献历来是图书馆的基本服务模式，这导致图书馆始终把文献服务工作停留在较低层次的水平上，不可能对各种文献的丰富内涵进行充分挖掘和揭示，也就不能深入灵活地利用文献的丰富内容为读者提供多种形式的信息服务。信息化时代的图书馆必须转变观念，实现从以文献为工作对象到以信息为工作对象的转变，提供信息而不仅仅是提供文献。这就要求图书馆员在对文献信息进行必要的筛选、加工、整理后，再将其提供给读者，从而彻底改变过去以馆藏文献进行流通、阅览的服务方式，而将服务的主要力量放在为使读者的需求得到有效满足而必须进行的深层次选择、开发上。

（四）现代技术在图书馆读者服务管理中的作用日益突出

随着多媒体技术的发展以及互联网应用的不断深入，图书馆的现代化水平越来越高。目前，绝大多数图书馆都采用了微机管理、光盘技术等，从书刊采访、编目到典藏、流通、书目检索等均使用计算机，实行藏、借、阅一体化的管理服务模式，为读者提供了更为方便快捷的服务。读者可以随时随地利用手边的电脑使用图书馆的电子文献资源，而不必受图书馆开放时间的限制。

第三节　现代图书馆的服务对象及其需求

来自社会各个阶层的对图书馆有着信息服务需求的一切社会成员，都属于图书馆的服务对象。图书馆作为信息服务机构，其所有工作都应围绕着服务对象展开，而且图书馆只有不断研究其服务对象以及服务对象的需求，才能真正提高其服务工作的质量。

一、现代图书馆的服务对象

现代图书馆是建立在信息化、数字化、网络化平台上的图书馆，与传统图书馆有质的区别。不过，不论是传统图书馆还是现代图书馆，其服务对象通常就是人们所说的图书馆读者。读者既是利用图书馆文献的主体，又是一切信息资源发挥作用的客体。从广义上来说，读者就是一切有阅读能力和行为并能接受文献信息作用的人。在现代图书馆的服务中，读者是图书馆信息交流系统的核心要素，既是信息的发出者，又是信息的接收者、使用者和评价者。此外，现代图书馆为了真正实现其社会价值，除了要认真做好馆藏建设与组织管理工作，还必须做好读者工作，真正发挥馆藏文献资源的作用。此外，现代图书馆在开展读者工作时，必须对读者的类型予以明确。事实上，现代图书馆的读者依据不同的标准，可以分为不同的类型，具体如下。

（一）以读者对图书馆文献的使用情况为标准进行分类

现代图书馆的读者依据其对文献的使用情况，可以细分为以下几种类型。

1. 文献型读者

以到馆查找和获取印刷型文献信息为目的的读者便是文献型读者。他们或者因为所获取信息的特殊要求，或者由于对阅读纸质文献的习惯和依赖，或者是不了解数字资源及服务的优势和利用方法，只能求助于印刷型文献。

2. 网络型读者

网络型读者通常能熟练掌握数字信息利用技巧，习惯于借助网络平台实现信息需求，也可能所需信息无法从印刷型文献中获得，而只能通过数字信息服务平台获取。

3. 混合型读者

混合利用前两种图书馆文献方式的读者，便是混合型读者。他们对数字化信息与印刷型文献信息无明显的偏好和倾向性，会根据自己的信息需求，灵活自如地选择不同的渠道，获取较为全面、准确而高质量的信息。

（二）以读者所处的空间为标准进行分类

现代图书馆的读者依据其所处的空间，可以细分为以下两种类型。

1. 馆内读者

本人持借阅证到图书馆获得信息服务的读者，便属于馆内读者。现代图书馆的这一读者类型与传统图书馆的注册读者基本一致，但其信息需求的内容和实现方式与传统图书馆读者有很大的不同。

2. 远程读者

借助现代图书馆提供的网络信息服务平台，通过远程访问、登录来实现信息需求的读者，便是远程读者。当前，随着计算机的普及以及图书馆数字信息资源的丰富，远程读者的数量呈现出不断增加的趋势。

（三）以读者的授权情况为标准进行分类

现代图书馆的读者依据其被授权的情况，可以细分为以下几种类型。

1. 借阅证读者

借阅证读者是指持有图书馆借阅证的读者。这些读者既可以借阅本馆的印刷型文献，也可以登录、访问、利用本馆的信息服务设备，如目录查询终端、电子阅览设备，还可访问各类数据库资源等。

2. 授权读者

经身份确认、注册程序后取得享受图书馆服务授权的读者，便属于授权读者。他们通常在图书馆的网络服务平台上通过读者身份认证系统合法登录后获得相应权限的信息服务。

3. 未授权读者

未授权读者是指具有网络访问条件登录图书馆网站，进行没有权限限制的一般信息查询和公开信息浏览的读者。

二、现代图书馆服务对象的需求

在过去单一的信息环境下，图书馆服务对象的信息需求也是单一的，提供纸质文献借阅即可。随着数字时代的到来以及信息资源海量产生，图书馆服务对象的需求变得多元化，并呈现出复杂多样的变化。

（一）现代图书馆服务对象需求的特点

现代图书馆的服务对象的需求，总体而言呈现出以下几个鲜明的特点。

1. 广泛性

在当前的信息化社会中，信息资源已经成为一种能产生巨大价值的资源，获取和掌握丰富的信息和知识，就意味着拥有了一种特殊的资源，从而能创造、获得更多的社会价值。搜寻信息已成为全社会成员普遍的行为习惯，也使得每一位成员都可能成为信息的需求者。这使得现代图书馆服务对象的范围日益扩大，读者数量不断增长，形成了庞大而永不枯竭的读者群体。如此一来，图书馆的服务便获得了永久的发展动力。

2. 综合性

现代图书馆服务对象的需求是多元化的，有摄取知识的，有查询信息的，有科学研究的，有娱乐休闲的，有检索书目的，有查阅全文的，有借阅书刊的，有上网或检索光盘的……总之，现代图书馆的服务对象对图书馆的信息内容和信息服务的要求是全方位、综合化的。这就要求现代图书馆始终把建设丰富而全面的信息资源体系作为首要任务，同时要不断改革和创新服务方式，拓展服务手段和服务领域，以不断适应和满足现代图书馆读者全面而广泛的信息需求。

3. 专业化

随着科学技术与社会经济的快速发展，图书馆服务对象的素质也在不断提高，这使得图书馆服务对象的信息需求正在从一般性的信息获取需求向专业化的情报信息需求发展。也就是说，现代图书馆的服务对象已不仅仅满足于原始的文献信息，而是更加注重获取信息的知识内容、知识组织和知识挖掘服务，需要得到更系统、更专业化、更强针对性的信息。这就要求现代图书馆在发展的过程中，必须面向学科、面向专题开展学科馆员服务和特色化服务，以更好地满足服务对象的需求。

4. 个性化

现代图书馆的服务对象是一个个不同的个体，在兴趣爱好、专业、职业、年龄、学历层次等方面有较大的不同，这导致他们的需求目的、需求心理和行为习惯等也会呈现较大差异。比如，高校教学与科研读者的信息需求一般目的性强，主题明确，强调信息的新颖性、准确性和可靠性；而大学生读者既需要与课程学习相关的专业性、知识性和学术性信息，还特别关心与现代社会相关的热点、焦点信息；企业人员则强烈需求与本职工作相关的信息，尤其强调信息的针对性、实用性和指导性作用。现代图书馆服务对象需求的这些特点，要求现代图书馆在发展的过程中，必须注重为服务对象开展个性化的服务。

5. 层次性

现代图书馆服务对象对信息的需求是分层次的，这是由于现代图书馆服务对象的信息需求受到现代社会政治、经济、文化、科技和用户本身的职业素养、兴趣、能力等多种因素影响，其需求结构具有多重性，表现为娱乐性需求、解疑性需求、证实性需求、求知性需求、研究性需求。此外，现代图书馆服务对象的信息需求一般是由低层次向高层次逐步延伸和发展的，即逐渐从低层次的娱乐性需求、解疑性需求、证实性需求向高层次的求知性需求、研究性需求发展。

6. 开放性

在数字环境下，图书馆单纯以馆藏文献服务用户的能力毕竟有限，因而必须联合更多的信息服务网络，实现资源共享，融入社会信息大系统中，向更多的服务对象开放，提供社会化的信息服务。

7. 经济性

在现代社会，图书馆的服务对象获取信息的方式日益呈现多元化趋势，既可以通过传统的信息服务主体——图书馆获取信息，也可以通过互联网、局域网及其他信息服务机构等来获取信息，选择范围很大。图书馆服务对象从不同渠道获取信息的方便程度、经济性以及时间成本等差异，已成为他们选择信息服务方式的重要考虑因素。这既给现代图书馆带来了难得的发展机遇，也为图书馆的服务创新带来了巨大的挑战和冲击。

8. 及时性

现代科学技术的发展使创新节奏越来越快，信息知识的生产、流通和使用出现了新的变化。新知识、新事物不断涌现，知识老化、更新节奏加快，成果应用周期大大缩短，这都要求现代图书馆的服务更加快捷、方便和注重实效。

（二）现代图书馆服务对象需求的表现

现代图书馆服务对象的信息需求是相互联系的整体，贯穿于整个服务对象的需求过程，并推动了图书馆个性化服务模式的形成。从总体来看，现代图书馆服务对象的信息需求主要表现在以下几个方面。

1. 功能需求

现代图书馆服务对象通过图书馆服务所获得的最基本信息需求，便是功能需求。现代图书馆服务对象功能需求的实质是对文献信息内容的需求，即指向图书馆信息资源本身，这是现代图书馆服务对象对图书馆服务产生需求的基础和核心。功能需求将决定图书馆信息资源与服务体系建设、发展的方向。

2. 形式需求

现代图书馆服务对象对文献信息资源与图书馆服务的物质载体、表现形式等的需求，便是形式需求。现代图书馆服务对象在利用图书馆文献信息资源与服务的过程中，受使用习惯、阅读心理和目的等因素的影响，可能会因信息载体、表现形式的不同而表现出不同的需求取向，甚至出现需求障碍、技术障碍等，从而使现代图书馆服务对象的需求满意度受到影响。在这个意义上，现代图书馆服务对象对文献信息资源与服务的形式需求是服从于其功能需求的，是对其功能需求的扩展。

3. 外延需求

现代图书馆服务对象在通过图书馆服务满足其功能需求和形式需求的同时，所要求的附加利益或服务，便是外延需求。现代图书馆服务对象的外延需求通常表现在对服务质量、服务效率的需求和心理性需求等方面。现代图书馆服务对象在满足其功能和形式需求时，往往会伴随着求快、求新、求全、求准等一系列的信息心理需求，希望得到图书馆提供的指导性、及时性、可靠性和人性化的高质量服务。如果缺乏这样的服务环境和氛围，现代图书馆服务对象的功能需求和形式需求就可能会减弱甚至消失。外延需求既是满足现代图书馆服务对象的功能需求和形式需求的条件，也是这两类需求得到有效开发和有效满足的基本保证。

第四节　网络环境下图书馆读者服务工作的转变

随着人类社会的进步，各种新技术、新发明、新产品的不断运用，特别是计算机技术、网络技术、通信技术、数字化技术等的广泛应用，为人类认识世界和改造世界提供了更为宽广的舞台。与此同时，随着现代信息技术的发展，图书馆的外部信息环境和内部业务机制正在发生重大变化。在这种变化中，图书馆将真正实现从"以书为本"向"以人为本"的转变，即实现"以藏书为中心"向"以读者为中心"的转变。这种转变体现了读者服务从封闭走向开放、从静态走向动态、从单一走向多元、从被动走向主动的变化。也就是说，在网络环境下，图书馆的读者服务工作得到进一步的转变和深化，这具体表现在以下几个方面。

一、图书馆形成了新的读者服务理念

在网络环境下，图书馆面对激烈的信息竞争，只有把"全心全意为读者服务"作为最高宗旨，把工作的立足点从藏书转向读者，把"吸引读者""争取读者"作为重要的策略，才能在信息市场中立于不败之地。在此影响下，图书馆逐渐形成了新的读者服务理念，具体来说包括以下两个方面。

（一）读者是图书馆读者服务的主体

读者是图书馆读者服务的主体这一服务理念，指的是图书馆读者在图书馆读者服务中的地位和作用。

图书馆特别是高校图书馆，要进行创新与变革，要做好读者服务，进一步提高读者服务的质量，就需要最大限度地满足读者的需求，并积极争取读者的参与、收集读者的意见，通过读者的参与和采纳读者意见实现与读者的互动，进而体现读者是主体的服务理念。

（二）注重图书馆读者服务的细节

美国著名图书馆学家谢拉曾指出："图书馆事业首先是一种服务性的事业，从创立之时起，始终是这样"。在现代社会中，图书馆作为信息服务的重要机构，其最终目的就是要为读者提供完善、优质、高效的系统化服务。

当代社会的图书馆要生存，要发展，"营销"理念早已注入图书馆服务中，但如何把"图书馆营销"做细、做活，仍然值得探讨和研究，因此，引入企业"细节营销"服务理念对现代图书馆读者服务显得尤为迫切和必要。

现代图书馆的读者服务是由大量的细节构成的，从某种程度上来说，图书馆读者服务就是一种不断深化的细节服务，且服务中的每一个细节都直接影响读者的情绪及其对图书馆的评价，其中任何一个细节让读者不满意，最终的结果就是读者不满意。现代图书馆在开展读者服务时，必须做好各个细节。

二、图书馆读者服务内容日益丰富

传统的图书馆文献资源以印刷品为主，读者服务模式包括外借、阅读、复制、馆外流通、文献检索、宣传辅导、参考咨询等，其中又以文献阅览、图书借阅为主，因而总体上来说服务方式比较单一。而在网络环境下，图书馆的服务内容将是多方面的，这主要表现在以下几个方面：

第一，在网络环境下，图书馆作为信息收集、加工、传递的重要基地，可以发挥自己拥有的信息资源优势，根据用户的要求开发出有特色的数据库或信息产品，通过网络向读者提供全方位的服务。

第二，图书馆通过利用网络资源，由静态的物理空间转变成一个动态的虚拟空间，由封闭到开放，使得读者可以在任何地方、任何时间，通过电子邮件、文件传输等方式获取图书馆的文献资源，实现了图书馆的"远程化服务"。

第三，在网络环境下，图书馆一方面要将网络上特定的信息传递给读者，另一方面要将自己开发的数据库等信息产品入网，使它们得到有效利用。这样，传统的被动、单向的信息传递服务方式将越来越多地向主动、多向的信息传递服务方式转化。

三、图书馆以读者为中心的服务流程日益优化

图书馆在发展的过程中，根据各自的馆舍结构、文献布局等因素，在读者服务工作中形成了各自的服务流程。但是在网络环境下，读者的阅读习惯、阅读方式、阅读行为等都发生了很大变化，传统的服务流程已无法满足读者的需求。面对这一现实，以读者为中心的服务流程优化的问题受到了越来越多图书馆的重视。

图书馆优化以读者为中心的服务流程，最重要的就是要加强对读者行为的管理，即要观察、研究、发现和利用读者行为特点与规律。由于读者无论是到馆还是离馆，或者说无论是在馆内还是在馆外，其基本行为是信息获取和知识挖掘，都可以通过来馆目的、阅读方式、个人行为习惯、兴趣爱好等进行分析，从而加强对读者行为的管理，实现以读者为中心的服务流程优化。

第五节 新形势下的现代图书馆用户教育

用户教育是图书馆工作的一个重要方面，无论是在传统图书馆时代还是在数字图书馆时代，开展用户教育工作都是图书馆工作的重要任务。不过，随着时代的发展，图书馆用户教育的内容、方法等也会发生一定的改变。本节将详细阐述新形势下现代图书馆用户教育的相关内容。

一、图书馆用户教育的含义

图书馆用户教育拥有和一般教育相同的特征，都具有随着相关教育教学的实践活动不断变更而改变的动态发展特质。在不同时期，都有着与教育实践活动形式相对应的内容和形式。在最早期，图书馆用户教育只是负责采用特定的方法进行图书的收藏、管理以及提供读者馆藏图书的分布情况。

随着教育活动的发展，用户教育开始根据馆藏图书资料的使用原则，采取一定的搜索策略来帮助用户快速且精确地实现预定的研究目标。从这一时期开始，图书馆和图书馆员在图书馆用户教育活动中占据主导作用，并主动推动图书馆教育实践活动的发展。正如哈克（Hacker）和鲁茨坦（Rutstein）所提出的一样，图书馆用户教育已经从"一般只限于提供物理位置、工作人员和服务的识别"的图书馆中脱离出来，开始以一种教育理念和教育活动的形式出现，并最终成为真正的教育。

随着信息技术的革新，人类社会大踏步进入信息时代，互联网将更多的现代信息技术应用于图书馆用户教育中。这些信息技术不仅从根本上改变了图书馆用户教育的

传统文献检索和使用形式，也极大地丰富了图书馆资源和图书馆管理的模式，进一步发展和完善了图书馆用户教育的教育内容和教学形式。

图书馆用户是图书馆教育实践活动的主体，只要有图书馆用户存在，有利用图书馆馆藏资源这一具体的实践活动发生，图书馆用户教育就会持续产生和发展。但是这些实践活动随着时代的发展，其具体表现形式也在不断地改变，从而要求图书馆用户教育也必须是动态的，必须是不间断发展的，才能不断地吸引潜在的图书馆用户。此外，仅针对特定的用户而言，其在不同的学习时期，所需要的图书馆用户教育也是不断改变的。图书馆用户教育的教育理念和教育实践活动的形式也在不断地改变与发展。

本节的研究基于如何增强图书馆用户的图书馆资源利用意识，如何提高图书馆用户的信息资源获取能力和道德水平等信息素质以及高校图书馆用户教育在上述实践活动中所起的实际作用和具体的表现形式。此处的研究基于游丽华对用户教育的定义，游丽华认为：图书馆用户教育最本质的含义为图书馆等信息服务机构，为增强用户意识、提高用户的信息能力和信息道德水平而开展的各种形式的教育。

二、现代图书馆用户教育的任务

现代图书馆在开展用户教育时，应尽可能完成以下几项任务。

（一）对用户的创新意识进行培养

创新意识是意识活动中一种积极的、富有成果性的意识形态，是根据社会和个体生活发展需要而产生的创新动机、创新意向和创新愿望，是创新活动的内在动力。

现代图书馆在对用户的创新意识进行培养时，需要让用户认识到创新是自我生存、发展的必要手段，还要让用户明白获取知识信息本身不是目的，运用获得的知识信息开展创新活动，从而养成创新的自觉性才是目的。

（二）对用户敏锐的信息意识进行培养

有效地发现自我的信息需求，并具有获取信息、判断信息、组织信息、利用信息的能力，便是信息意识。通过教育培养，用户了解熟悉包括文化信息、技术信息、需求信息的各种信息状态、来源渠道，从而能够鉴别信息、捕捉最佳信息、利用最有效信息。

（三）提高用户使用现代化工具的能力

图书馆只有教会用户使用计算机、网络、多媒体等现代信息工具，并教会他们利用现代化工具去获取、整合、评价和利用信息的方式，才能使用户对图书馆资源进行有效的利用，同时这对于提高现代图书馆的服务质量和服务水平也有重要的作用。

（四）增强用户遵纪守法的意识

当前，随着信息文献的日益丰富和获取知识信息渠道的逐渐扩大，在知识信息领域内剽窃、非法使用他人专利以及诱人上当受骗现象都屡见不鲜。图书馆通过开展用户教育，用户可以了解信息使用的经济、法律和社会问题，继而在获取和利用信息时自觉遵守道德规范和有关的法律。同时，图书馆对用户开展教育，可以使他们自觉地抵制来自网上及其他各种渠道不良信息的侵害，这对于社会的发展与稳定也是十分有利的。

（五）提高用户利用信息文献的能力

信息是最重要的资源，现代生产力的进步很大程度上依赖于对信息的占有和处理。图书馆是信息文献中心，不仅拥有大量的纸质文献信息，而且拥有丰富的光学、电子载体的文献信息。同时能查询网络海量文献信息。我们要利用这些资源，教育用户了解信息资源的种类、形态和查找检索方法，掌握各类资源的特点、分布状态以及利用价值等，使用户在利用信息时能够得心应手。

三、现代图书馆用户教育的特点

随着网络信息技术的发展和普及，现代图书馆的用户教育呈现出一些新的特点。

（一）现代图书馆用户教育具有复杂性

现代图书馆用户教育的对象随着网络的普及呈现出复杂性的特点，具体表现在以下几个方面。

第一，网络为现代图书馆带来了新的用户群体——网络用户。网络用户是指通过网络利用图书馆资源的用户，其构成本身就比较复杂，可以包括社会中各种类型的信息需求者。

第二，网络环境下，图书馆用户集中的态势有所改变。当前，仍有不少用户习惯到图书馆去获取信息，但也有一些用户开始习惯通过网络获取图书馆数字化资源，他们几乎不再进图书馆。而且，这些通过网络获取和利用资源的图书馆用户，分布情况呈分散性状态。

第三，图书馆用户的信息素质层次是复杂多样的，个体之间差异较大。

（二）现代图书馆用户教育具有多样性

与现代图书馆用户教育的对象具有复杂性相适应，现代图书馆用户教育的形式呈现出多样性的特点，即对于不同类型、不同层次的教育对象要采用不同的教育形式。

在网络环境下，与网络技术一同发展的计算机技术以及其他信息技术给传统教育方式注入了"新鲜血液"，在原来的基础上开发出各种各样的辅助教学系统，如多媒体自主学习系统等，同时网络也成为用户教育中一种很重要的工具。

（三）现代图书馆用户教育具有层次性和变化性

现代图书馆不同的用户对象具有不同的信息素质基础，因此，在网络环境下用户教育内容要体现出不同用户群体的差异，即要按照用户的多层次的特点而形成具有多层次的教育内容，让用户能接受与自身信息素质相适应的知识。只有这样开展的现代图书馆用户教育，才能真正提高用户的信息素养。

此外，现代图书馆用户教育的内容并非一成不变，它是根据现代图书馆用户及现代图书馆自身所处环境的发展变化而发生变化的，这主要表现在三个方面。

第一，现代图书馆的用户经常改变，不断有新的用户加入这个团队中来，他们的信息素质和能力与以前的用户有不同之处，导致用户教育内容需要不断更新。

第二，现代图书馆经常引入新技术、开发新服务、加入新资源，这些新的东西要及时成为用户教育的新内容，才能使它们尽快得到用户的使用，推动现代图书馆信息资源和用户之间形成良性循环。

第三，现代图书馆所处的网络环境本身具有更新快的特点，这一点是导致用户教育内容经常更新的重要原因。用户教育内容中关于网络资源状况、网络资源分布、网络资源利用途径等，只有与网络有关的信息资源都做到及时更新，才能跟上网络环境的步伐，才能达到有效的教育这一目的。

（四）现代图书馆用户教育具有开放性

现代图书馆用户教育的开放性，指的是用户可以根据自己的情况选择合适的学习内容和方法。这是因为，现代图书馆用户的构成、层次和需求具有多样性，所以应该让他们按自己的特点和信息的需要，自主地选择学习方式和学习内容。这样才能使用户教育取得良好的效果，达到教育的目的。

四、现代图书馆用户教育的原则

现代图书馆为了做好用户教育工作，使用户教育取得良好的效果，在开展用户教育时应遵循以下几个原则。

（一）目标性原则

目标性原则指的是现代图书馆用户教育应紧紧围绕现代图书馆用户教育的目标来确定用户教育内容。通常而言，所有对现代图书馆用户教育目标实现有利的内容，都可以作为现代图书馆用户教育的内容。不过，最终选择哪些教育内容，还要依据现代图书馆的现状以及用户的实际状况等多方面情况来确定。

（二）针对性原则

针对性原则指的是各类型现代图书馆用户教育内容应根据其不同的教育对象来确定。受个人因素如文化教育水平、职业工作经验、外语水平、信息行为等的影响，用户的文献信息意识、文献信息的利用能力和利用效果都会有明显的差别，因此，用户教育的内容和方式方法，不仅受一定时期科技发展水平的制约，而且还应根据用户的智力结构如知识结构、认识规律、思维习惯、理解能力等来设置。只有这样，现代图书馆用户教育才能收到较好的教育效果。

（三）计划性原则

计划性原则指的是现代图书馆用户教育是一项长期的工作，应按照国家、地区图书馆的实际需要和具体情况，根据不同读者、用户的实际需求，制订相应的长期或短期用户培训计划，并且应该认真按照目标，有计划、有步骤地组织实施，并根据工作效果及时反馈，调整工作措施和手段，提高用户教育的工作效率。

（四）系统性原则

系统性原则指的是现代图书馆用户教育内容应按涉及的图书馆学、文献学、目录学、情报学等知识固有的逻辑序列进行选材和组织，用户教育的内容不应是一些支离破碎、彼此孤立的知识的"堆积"。此外，在采用具体的教育教学方法时，要考虑循序渐进的要求，由浅入深，由易到难，从而使用户所学习的知识不断加深。

（五）普及性原则

普及性原则指的是现代图书馆在开展用户教育时，其范围应该是全体公民，要形成普及式的教育。而且，现代图书馆在开展具体教育活动时，应注意宣传，不但要对现实的用户进行教育，还应对潜在用户进行教育，从而使全社会的信息素质都得到提高。

（六）灵活性原则

现代图书馆用户教育的方式多种多样，如个别辅导、集中培训、参观讲解、发放辅助资料等。采取什么样的教育方式，最终取决于读者的数量、文化程度、个人素质等个体差异以及现代图书馆信息部门教育的方便程度。在具体实施时，可以采用一种方式，也可以采用多种方式组合进行用户教育。总之，现代图书馆在开展用户教育时要灵活运用各种方法，以达到强化教育效果的目的。

（七）高效性原则

高效性原则指的是现代图书馆在开展用户教育时，要注意通过短期学习图书馆用户就能得到益处，他们在短时间内找到他们所需的文献情报资料，从而产生较高的效益。

五、现代图书馆用户教育的内容

现代图书馆在开展用户教育时，总体而言需要进行以下几方面的教育。

（一）用户基础教育

在现代图书馆用户教育中，用户基础教育是一项不可或缺的内容。通常而言，现代图书馆用户基础教育应包括图书馆知识教育（即图书馆的藏书特点、服务项目、目录体系、借阅手续、开放时间等），文献情报源教育（即各学科基本文献概况、基础文献和核心刊物、检索工具或系统等），文献情报基础知识教育（即情报、知识、文献、信息的本质等），文献情报检索知识教育（即书目检索、事实与数据检索等），文献情报加工与科学交流的教育（即文摘的编写、文献的主题分析、引用文献的著录等）。

（二）用户素质教育

现代图书馆对用户进行素质教育的内容包括很多方面，如树立正确的价值观；塑造崇高的民族精神，培养对人类命运的关注和责任感；确立正确的挫折意识，在任何情况下能够保持积极的心态；养成善于沟通的意识，学会与他人合作；改变思维方式，培养创新意识等。现代图书馆用户素质教育的目的可概括为"如何做人，如何处世，如何独立学习、思索和创新"。

（三）用户信息教育

随着信息时代的快速发展，信息资源的海量增长，人们在信息海洋和个体的特定需求之间有时会无所适从。显然，掌握如何检索信息、如何累积并组织信息、如何评估利用信息等知识和技巧是图书馆用户的迫切需求，也是现代图书馆用户教育的重要内容。

第六章　高校图书馆信息化服务创新

高校图书馆服务是运用图书馆资源满足读者对信息需求的过程。图书馆的服务功能也围绕读者的学习、工作和科研需求而开展。

第一节　高校图书馆服务体系分析

高校图书馆是高校的文献情报中心，是课堂以外的教学补充，其服务体系的建设对教育的教和学都起着十分重要的作用。如何发挥和提高图书馆的职能作用，是每个高校图书馆必须思考的问题。

一、高校图书馆服务内容和特点

高校图书馆的服务内容包括以下几个方面：

（一）高校图书馆服务内容

高校图书馆服务形成了一个完整工作体系，包括以下三个方面。这三个方面的内容相互制约，相互作用，缺一不可。

1. 组织读者

组织读者的主要任务是读者队伍的组织与发展，包括确定读者服务范围与服务重点、制定读者发展规划、定期发展与登记读者、划分读者类型、组织与调整读者队伍等。

只有把握读者的阅读规律和阅读需求，才能使图书馆服务与读者的需求相适应，使图书馆服务管理方式与读者需求同步，从而提高图书馆服务工作和管理工作水平。

拥有规模化的读者群体是图书馆工作的前提，只有拥有了广泛且确定的大量读者，图书馆的资源建设、服务管理才能目标明确，才能实现图书馆的社会价值。

不同类型图书馆发展读者的重点和发展方式有很大差别。高校图书馆是为本校服务的信息机构，因此，高校图书馆的读者成分比较单一，主体是本校的师生员工，其读者的确定和发展通常可通过读者账户注册完成实现。学校的教职员工只要进行简单的读者登记，由图书馆发放标明其基本身份信息的借阅证就可以成为图书馆的正式读者。研究单位、机构等图书馆的读者发展方式大体与高校图书馆类似。而公共图书馆是面向某个行政区域内所有公众的，因此，公共图书馆的服务对象十分广泛，读者的构成也比较复杂，需要在有服务需求的个人或团体向图书馆提出注册请求的基础上，由图书馆根据办馆的方针、任务、规模和条件以及读者的阅读需求特点等确定是否授予申请者享受本图书馆的权限，只有符合本馆读者发展条件的申请者才能通过注册成为正式读者。

受读者文化层次、信息需求、年龄、职业、工作任务等各种因素的影响，不同类型的读者对图书馆服务的期望和要求存在很大差别。同时，由于图书馆的主要任务不同，资源、人员、环境和经费也很有限，图书馆需要在研究读者的基础上，通过制定不同类别读者使用图书馆的权限规则，以及读者管理系统的身份认证与权限管理，将庞大的读者群划分为在某些方面具有需求共性、使用行为共性的读者群体，从而在普遍服务的基础上实现针对不同需求的差别化服务。

读者发展、细分、管理的成果一般都通过图书馆的读者注册与身份认证管理系统固化下来。这既是了解读者、研究读者的重要资料，也是图书馆开展一切工作的基础数据，更是评价图书馆绩效、制定发展规划、进行服务与管理改革的重要基础。

2. 服务管理

服务管理指对图书馆读者工作部门的业务活动进行组织管理。服务管理为读者创造良好的环境和条件，方便读者有效利用图书馆资源，保证图书馆服务工作健康地向前发展。它具体包括制订读者发展的计划、服务机构设置、岗位设置、人员配置、明确岗位责任、建立健全各种规章制度、人员分工与业务流程设计优化、合理组织藏书、改进服务手段、采用先进的设备与技术手段、完善服务体制等工作。

3. 研究读者

研究读者主要包括研究读者的阅读规律和文献需求两个方面。读者是图书馆得以存在的根本。读者对图书馆的文献信息需求和利用规律最具体地体现了社会的需要，是图书馆一切工作的出发点和归宿。

开展读者研究有助于从总体上把握读者需求的特点和规律，提高图书馆服务的针对性，并对读者动机加以正确引导，不断改善和拓展图书馆服务的针对性，不断改善和拓展读者服务的方式和服务领域，提高图书馆服务工作的质量与水平。

（1）读者的阅读规律研究

读者的阅读规律研究可以从两方面着手：一方面，要对读者信息素养及信息意识进行研究，包括社会的发展与变化对读者文献需求意识的影响、社会环境与读者需求结构的关系等；另一方面，要对读者心理及行为规律进行研究，即对读者在鉴别、提取、利用信息过程中的行为习惯和阅读规律进行研究，它既包括阅读动机、阅读兴趣、阅读能力和阅读习惯的研究，也包括对读者的文献选择行为和文献获取行为的分析、对读者使用各类型信息资源特点的研究、对读者阅读效果的评估等。

（2）读者的文献需求研究

研究读者的文献需求就是对不同层次的读者在阅读需要、阅读目的、阅读过程中的特点及其规律进行研究。不同层次的读者对信息资源的需求不同，读者在不同时期所需要的信息资源不同，其阅读的目的也不同。此外，现代图书馆还需要特别关注读者对不同类型文献的需求差异、不同渠道获取信息的差异。

（二）高校图书馆服务的特点

技术的进步从根本上给图书馆的服务方式带来了巨大变革。技术的进步改变了图书馆的资源建设模式，开拓了图书馆的服务领域和方法，也促进了图书馆在信息资源共建、共知与共享领域的全面合作和服务。图书馆的服务呈现新的特点，主要有：

1. 文献多样化

如今图书馆为读者提供的文献信息资源已呈现出印刷型文献与联机数据库、电子出版物并重的格局。信息载体多样化的发展改变了读者利用文献的习惯与观念。读者对信息载体的需求已不再局限于印刷型文献，单一纸质文献及其传递方式已不能满足读者多元化的信息需求，读者的信息需求越来越多地转向数字资源。同时以现代视频技术为手段的数字视频信息资源也为人们获取多媒体信息创造了条件。因此，文献多样化使得图书馆在文献保存、信息交流和教育的基础上极大地拓展了服务空间。

2. 服务虚拟化

新型信息虚拟化的服务模式彻底改变了以文献信息资源为主线的传统图书馆服务模式。图书馆的服务始终处于一个动态和虚拟的信息环境中。图书馆既可以利用自有的数字化馆藏资源，又可以利用电子邮件资源、网络新闻资源、FTP资源、www资源、Gopher资源等多种互联网资源，使图书馆能够为读者提供无所不在的信息服务。因此，服务虚拟化包括服务资源的虚拟化和服务方式的虚拟化，其实质是图书馆由向具体人群提供实体文献服务转变为向非具体化读者提供虚拟的数字服务。

3. 信息共享化

随着信息技术的广泛应用，图书馆信息服务的观念发生了巨大变化，人们逐渐习惯于从自己熟悉的图书馆获取信息服务，走向依靠图书馆联盟乃至基于共享技术整合在一起的泛在云图书馆获取信息资源。图书馆的信息共享服务有了越来越大的空间，其交互需求也越来越大。共享思想与共享技术使信息资源共享成为图书馆服务的重要特征。

4. 需求个性化

随着经济社会的发展，读者对信息的个性化服务需求问题越来越突出。而图书馆通过专业馆员队伍素质的提升、信息综合保障能力的快速提高，为读者提供定制化、全天候的个性化服务已成为现代图书馆读者服务工作发展的主要方向。在这样的服务过程中，读者的自主性得到张扬，个性得到满足。这种个性化的服务正逐渐成为图书馆界追求的服务新理念。

5. 服务多元化

图书馆通过计算机技术和网络信息处理技术结合建立的网络服务平台，读者可以方便地按主体客观需求在网络环境下集中获取所需信息。在时间上，读者可以在任何时间通过有线或无线网络访问图书馆，也可以在同一个时间段内检索和借阅注册过的多家图书馆的资源，通过搜索、筛选，方便快捷地获得其认为最需要、最合适的信息资源。在空间上用户不仅可以到图书馆享受比以往任何时候都优越的读者服务，更可以不用亲自到图书馆，在家里或其他任何有网络的地方通过注册进入图书馆网页，查阅信息资源，变远距离为近距离，跨越空间的界限，使图书馆服务呈现出多元化、立体化、全天候的特征。

6. 交流互动化

图书馆借助网络技术与读者建立了十分便捷的交流关系。一方面，读者可以自由地向图书馆表达具体的信息需求；另一方面，图书馆也可以及时、准确地掌握读者的信息需求动态。图书馆根据读者的信息需求搜索、整理形成信息集合，主动发送到用户终端满足读者的信息需求；同时读者还可以把个人的文献资源通过信息共享空间等渠道上传后提供给图书馆和其他读者，图书馆与读者建立起互动交流机制。

二、高校图书馆的服务体系

图书馆服务体系就是读者服务方法体系，是由诸多服务体系构成的多功能、多层次的有机整体。

（一）阅览服务

阅览服务主要指利用图书馆的固定场所，组织读者在馆内阅读书刊资料的一种服务方式。阅览室的图书一般不外借，仅供读者馆内阅读，这样不仅能够提高文献的利用率，还有利于馆员了解读者的阅读需求和阅读倾向，便于有针对性地购买图书、推荐图书、提供参考咨询服务以及组织读书活动等。阅览服务能够给读者提供充足的文献资源，对于许多不外借的图书文献，比如期刊、特种文献、工具书等，可以保证读者入馆阅读参考。

1. 图书阅览

（1）图书阅览室的类型

按照阅览室的用途划分，可以将图书阅览室分为以下几种：

①学生阅览室

在学生阅览室里，读者可以自由选择自己感兴趣的图书，可以查阅大量的教学参考文献、书目、索引、文摘等，也可以将所查找的资料进行复印、传真等。

②教师阅览室

一般来说，在教师阅览室里，读者可以查阅和本专业教学、科研内容有关的专业性强的文献、书目、索引、文摘等。但是仅限于教师阅览，一般不允许学生进入。

③研究讨论室

研究讨论室主要是为满足科学、教育、艺术及其他专业工作者从事某项研究创作的需要而开设的。研究讨论室一般规模都不大，很多图书馆会把某些特殊的研究室放在对口的阅览室内，以便读者搜集资料。一般来说，这种特殊阅览室也会配备电脑、多媒体等现代化媒体手段，读者会将传统的图书阅览和信息资源结合起来使用。

④自习阅览室

这是专门开辟出来为学生进行自习的阅览室，里面可以随意带入自己需要学习的资料。一般自习阅览室开放的时间较其他阅览室更长。

按照图书的语种划分，可以将图书阅览室分为以下几种：

①外文图书阅览室

主要收集外文方面的图书，如英文、日文、法文、德文等语种，以满足本校师生和留学生的阅览需求。

②中文图书阅览室

主要收集中文方面的图书，根据中国图书馆分类法的规则进行分类。

按照图书的类型划分，可以将图书阅览室分为以下几种：

①工具书阅览室

主要收藏古今常用工具书、中外文字典、辞典、传记资料、书目索引、百科全书、年鉴、手册、表谱、图录、人名录等工具书。读者在阅读文献的时候，常会遇到很多问题。为了解决问题，图书馆收藏了种类繁多的参考工具书。这些工具书一般价格昂贵、复本少，不外借，为了便于读者检索和利用，会将这部分藏书集中放在工具书阅览室。

②自然科学图书阅览室

按照中国图书馆分类法，自然科学类图书主要包括数理、天文、工业技术、医药、生物等学科的图书，收藏此类图书的阅览室一般称为自然科学图书阅览室。

③社会科学图书阅览室

按照中国图书馆分类法，社会科学图书主要包括哲学、管理、经济、法律、文学等学科的图书，收藏此类图书的阅览室一般称为社会科学图书阅览室。

（2）图书阅览的方式

目前图书馆图书阅览的方式主要有以下几种：

①开架阅览

开架阅览主要是指图书馆允许读者进入阅览室，并在书架上自由挑选取阅图书的一种服务方式。首先，读者可以进入阅览室，没有任何限制。其次，读者可以在书架上随意挑选图书，取阅文献。读者在以内容为依据排列的开架书库中，能接触到许多原来不了解的图书，开阔了视野，启发了潜在的需要，提高了阅读的积极性，而且也能使管理员从繁忙的进库取书劳动中解脱出来，有更多的时间接近读者，了解读者的需求，以便开展宣传辅导和信息咨询工作。因此，这种开架阅览方式深受读者欢迎，也是现代图书馆服务发展的一种趋势。每个图书馆都应该努力创造条件，把开架阅览作为本馆为读者开展阅览服务的首选方式，为读者利用馆藏文献提供更多的便利条件。

②半开架阅览

半开架阅览主要是指图书馆利用陈列展览的形式，在闭架阅览的基础上，将一些流通量比较大的图书或者是最新入馆的图书放在特制的书架上，读者可以看到书脊或者是封面的内容，进行浏览和挑选，是通过管理员提取借阅的一种阅览方式。这种阅览方式也有局限性，虽然读者可以看到少部分的图书目录，但是读者整体预览时还是不方便的，而且还需要管理员进行管理，比较麻烦。

③闭架阅览

闭架阅览主要指不允许读者进入书架进行自由挑选，而必须由管理员根据所需书目进行馆内查找，再交给读者进行阅读的方式。这样的方式不允许读者自己取书，优点是可以保证图书排架整齐、不遗失，但是缺点是不方便读者阅读，耗费人力、物力。目前此种阅览方式已经慢慢被淘汰。

2. 报刊阅览

报刊阅览主要是指报纸、期刊的阅览。

（1）报刊阅览的类型

按照报刊的语种划分，可将报刊阅览划分为以下两种：

①外文报刊阅览

主要收集外文方面的报纸、期刊，特别是英语、法语、德语、西班牙语等语种的资源。

②中文报刊阅览

主要收集中国内地（大陆）及港澳台地区的中文报纸、期刊。

按照报刊到馆时间，可将报刊阅览类型分为以下两种：

①过刊阅览

主要是中、外文本年度之前的所有报纸、期刊。一般来说，报纸会按照名称的拼音字母顺序,将每类报纸以年度为单位进行保存,以方便读者查阅;期刊会以合订本的形式保存,将每类期刊以年度为单位进行合订,以方便读者查找往年资料。

②现刊阅览

主要是中外年度期刊、文本报纸。期刊是按照中国图书分类法来排架陈列,供读者取阅。报纸主要是根据名称的拼音字母的顺序来排架。

(2)报刊阅览的方式

一般来说,图书馆的报刊阅览都会以开架阅览的方式来进行。在阅览室中应当明确本室报刊的排架规则,让读者可以对架位的分布一目了然,以便迅速找到所需资料,还应该经常巡架,及时将放错资料归位,保证报刊资料的正常流通。在报刊阅览中,报刊本身的排放都有一定的规则,所以整个阅览过程中要保持报刊的整齐取放,以方便后来读者阅览。

3. 特种文献阅览

特种文献特色鲜明、内容广泛、数量庞大、参考价值高,是非常重要的信息源,一般是本学科本专业最先进最前沿的文献资源。特种文献一般包括会议文献、科技报告、专利文献、学位论文、标准文献、科技档案、政府出版物、产品样本等。目前,特种文献的阅览方式主要有两种。

(1)数据库阅览

特种文献一般是各个学术领域的最新科研成果或者是最新科研动态,是科研成果、教学经验的概括和总结。它是科研、教学、生产中的问题、动态和发展趋向以及事实论据的集中文本,是科学研究的重要信息源。随着计算机信息网络的普及,各个高校目前最主要的特种文献阅览方式就是数据库阅览。

(2)纸质文献阅览

由于特种文献在出版和内容上的特点不同于一般的图书,所以建立特种文献阅览室很有必要。比如,有些文献是本校教师或者是权威人士的手稿之类的珍本,获取非常困难,一些特种文献没有专门的出版机构,必须通过内部途径或者是通过索取非卖品来获取,建立特种文献的纸质阅览室,可以很好地保存这些珍本,方便教师和学生随时查阅。

特种文献在内容上一般比较专深而具体,一般是以单篇形式出版发行的,如会议论文、科技报告、产品样本等;有些有特殊的编号,如科技报告、专利说明书等;有些则是多篇汇集于一起出版发行,如会议录、产品样品汇编等。所以,在阅览特种文献的时候,可以按照分类、书(篇)名、主题目录的方式来查找,以提高查找和阅览效率。

（二）外借服务

外借服务之所以受到读者的欢迎，主要是因为它为读者提供了方便。读者将所需要的馆藏文献从图书馆借出之后，可以根据自己的意愿，随意安排阅读时间、阅读地点。但外借服务也有局限性，有些文献借不到，有些文献规定不能外借，能外借的文献，往往又有借阅范围、品种、册数和借阅时间的限制。因此，在开展外借服务的同时，还要采用其他服务方法，以最大限度地满足读者的阅读需求。

（三）代查代检

代查代检是图书馆根据各类用户的检索要求，代其进行的文献检索服务。检索请求一般以本馆所拥有的信息资源能满足读者需求为前提，在特殊情况下可帮助读者或用户去其他信息机构或图书馆代为查询。

1. 委托检索服务

图书馆可以利用自己的馆藏资源，或与国内其他重点大学协作，通过网络开展委托检索各类文献服务。

2. 查找课题相关文献

查找和课题相关文献指针对自然科学、社会科学及人文科学等各个学科、各种目的的研究课题，以描述该课题的主题词、关键词作为检索入口，拟定合适的检索式，检索数据库中该课题的相关文献。

3. 论文收录及引用检索服务

论文的被引用次数和被收录篇次现已成为我国评价科技研究人员、科研机构研究水平和能力的重要指标。近年来，越来越多的读者请求图书馆专业人员代为查检个人论文被他人引用或被文摘、索引数据库收录的情况，这是代查代检服务的一个重要方面。被引用文献是指为撰写论文或其他著作而引用的文献，通常需在正文中标注，在文后需要列出作者、题名。一篇论文被引用次数越多，说明这篇论文的影响力越大。被文摘、索引数据库收录是指论文发表在某文摘、索引数据库的来源期刊或会议录上。入选刊物的参考价值、学术价值通常比未入选刊物高。读者在申请这项服务时，要提供作者姓名、作者单位、期刊或会议录名称、发表日期等。

（四）定题服务

定题服务（SDI 服务）指图书馆围绕某一科学研究，或针对固定的读者定期主动地提供最新信息的一项工作。它的优点是针对性强、传递信息及时。定题服务又可分为用户委托 SDI 服务和标准 SDI 服务。

用户委托 SDI 是指用户按自己的需要委托信息机构为自己建立起专用的提问文

档,然后接收信息机构定期提供的文献服务。通过这种服务,用户可及时了解和掌握有关专题的研究现状,并能帮助其一直追踪课题研究的最新动态。

标准 SDI 是指信息机构在广泛调查社会上信息需求的基础上,选择一批外界急需解决而且适用面较广的检索课题,建立通用型的检索提问文档,将检索结果提供给用户。

1. 定题服务的方法

（1）建立对口服务点

①了解本地区、本单位正在研究的课题,包括各课题的科研计划、课题计划完成的时间要求等。调查可采用向主管部门了解、与课题负责人交谈等方式;②寻找用户,即了解研究课题的成员组成以及他们对文献资料的具体要求;③进行文献调查,着重了解馆藏文献中各学科的核心期刊、主要检索工具的收藏情况,馆藏文献的特点等。通过以上调查,熟悉本单位 SDI 服务人员胜任情况后再确定选题。

（2）选择服务课题

选择服务课题的原则是重点、急需、可能。课题选定后,还应对服务课题的意义、内容、进度等进行了解,然后根据轻重缓急、难易程度进行人力调配。

（3）收集和筛选文献资料

SDI 服务的质量在很大程度上取决于对文献的选择,因此,要提供一个课题的有关文献资料,必须利用多种检索途径,对所收集的文献去粗取精,选择有参考价值的提供给用户。在筛选文献过程中,应注意与用户相互配合才能收到良好的效果。

（4）综合 SDI 服务

在 SDI 服务中要综合采用文献资料的流通服务、书目服务、咨询服务等各种方式。何时采用何种方式要视课题进展与用户需要,并结合文献信息服务机构的能力进行灵活运用。

2. 定题服务的特征

（1）超前性

定题服务的超前性主要体现在两个方面:一是文献的提供时间要超前;二是提供超前的文献内容。超前思维在定题服务中体现出明显的优势,只有最新发表和出版的文献才能体现学科最高水平和学科前沿的最新进展。

（2）连续性

只有保证连续不断地提供文献资料服务才能满足课题研究不断深化的情报需求。情报人员既要讲究时效性和实用性,更要注重计划性和连续性,确保及时跟踪搜集所缺资料。

（3）针对性

高校图书馆定题服务针对的都是某一学术问题、科学问题的深入研究,这种针对性集中体现在提供情报服务与课题研究需求的吻合上。

（4）保密性

无论是正在申报或进行中的科研项目，还是已完成的成果都有严格的保密的要求。这也是知识产权保护的一个重要方面。

（五）科技查新

科技查新主要是指具有查新业务资质的查新机构根据查新委托人提供的需要查证的科学技术内容，利用计算机检索等手段，以科技文献为检索对象，为科研立项、成果鉴定等科技活动的评价提供文献依据的一种公众性信息咨询服务工作。

1. 科技查新的准备工作

（1）与委托人进行沟通

通过和委托人交流了解本课题的具体方向，找到国内外关于本课题的最新资料，了解委托人在国内外的学术动态，掌握查找过程中可能要用到的电子资源、数据库以及文献资料。

（2）对文献进行综合分析

根据文献的定题，确定文献的种类，查找相关文献在国内外的最新进展，了解本学科的最新动态，确定命题是不是新命题，以便确定有无需要进行具体查找。

（3）达成查新目标

根据科技查新人员对定题的初步判断以及与委托人的具体沟通，确定定题的准确方向及所需内容，来确定最后的查新委托。

2. 科技查新工作的流程

查新可以分为委托受理、资料查找、报告撰写与审核、出具报告四个阶段。

（1）委托受理

委托受理主要是和委托人进行沟通，了解清楚所查找内容的方向，包括一些项目的科技资料、最新动态以及所要查找的具体方向，可以和委托人签订科技查新合同。

（2）资料查找

根据要查找的题目，选择检索工具，一般会选择数据库来查找。现在每个学校都会根据自己学校的专业设置来购买相应的数据库，一般本学校的科研教师会利用到这些数据库。在查找的过程中，确定检索途径与方法，分析检索项目，根据检索目的和客观条件，选择最能满足检索要求的检索工具。

（3）报告撰写与审核

检索完成后，根据检索结果与分析需要，将检索得到的文献分为密切相关文献和一般相关文献，并将相关文献与查新项目的科技要点进行分析，确定项目新颖性并草拟报告。最后查新员、审核员签字、盖章、填写完成日期并整理报告附件，完成查新报告。

（4）出具报告

查新机构按查新合同规定的时间、方式和份数向查新委托人提交查新报告及其附件。在提交查新报告后，查新人员应及时将查新项目的资料、查新合同、查新报告及其附件、查新咨询专家的意见、查新员和审核员的工作记录等存档，并将查新报告登录到国家查新工作数据库。

（六）学科导航

学科导航服务是图书馆针对某些学科专业，在网上开展的文献信息搜寻与整合服务。文献的整合是将分散的文献信息资源按一定的服务目的组织在一起，使图书馆可利用的文献信息资源成为一个整体，从而更加便于读者利用。

1. 学科导航的基本形式

网络资源导航库是以计算机技术手段为基础，以学科为单位，对专业学术资源进行搜索、鉴别、知识重组，为用户建立引导学科信息资源的报道检索系统。网络资源导航库是实现学科导航的基本形式，它以对资源动态链接的方式建立，通过图书馆主页提供服务，可以引导用户到特定的地址获取信息，并对学科网址进行访问，从而获取学科信息。

建立网络资源导航库的步骤如下：

（1）网站搜集

首先通过搜索引擎分类体系中的相关学科子目录获取大量网址，再从中筛选出符合需要的学术资源。对一些相关学科的专业网站以及其他相关的学术单位的导航库链接的网址，也可以从中获取信息资源线索。

（2）建立分类体系

建立分类体系即对通过广泛资源搜集和筛选后的学科信息资源按学术资源特点设置分类体系，按科学的分类体系进行组织。

（3）确立导航网站的框架结构

确立导航网站框架结构即按学科资源特点搭建导航网站的框架。网络学术资源导航成果一定要以网站形式上网发布，以便查找。根据分类体系将搜集到的学术网站逐一整理归类，按导航网站框架逐一纳入各个栏目中，形成最终上网服务的导航网站。

2. 学科导航的特点

（1）规范性

规范化操作是学科导航的必要前提，也是其效果实现的必要保证。网络学术资源导航必须进行规范操作，即对搜集的内容、类型有所要求，对已搜集到的网站也要将其发布到网上并有规范化的描述。

（2）学术性

学科导航不同于站点导航，它突出强调网络信息资源的学术性，提供的是评估后精选的有学术价值的网络资源，并对每一个选中的网络资源进行必要的描述，起到导航的作用。

（3）针对性

网络学术资源导航的重要特点是以学科为基础，针对学科领域的某一主题而建立，既要强调学科体系，更要强调读者的学科需求。

（七）读者教育与培训

读者教育与培训主要是指图书馆对图书情报系统的潜在用户和现实用户实施情报意识和情报技能的教育活动，是提高读者利用文献信息资源能力的教育活动。

1. 读者教育与培训的形式

（1）专题讲座

通过讲座能在较短时间内较系统地介绍某方面的知识。讲座一般涉及电子资源的检索与利用、馆藏资源与服务指南、常用软件的使用指南等几个方面。读者可以通过参加专题讲座在短时间内掌握各种资源的使用方法，这是目前各个高校最常使用的读者培训方式。

（2）入馆参观

入馆参观的方式主要是针对图书馆的新读者，目的是尽快熟悉图书馆的环境、服务项目、文献分布情况、目录设置情况、规章制度等。

（3）座谈讨论会

读者可参加各种类型的讨论会，既可以进行专题的讨论，也可以对共同感兴趣的问题进行讨论，以便了解图书馆的图书情况，有利于自己多读书。

（4）文献检索课

一般大学都开设有文献检索课程，这一课程可以增强大学生的情报意识，使学生了解各自专业的基本知识，学会常用检索工具、数据库和参考工具书的使用方法，懂得如何获得与利用信息，增强自学能力。

（5）阅读辅导

阅读辅导就是在阅读图书的过程中，随时可以向工作人员提出疑问。在阅读的过程中，工作人员可以及时进行新书的宣传，介绍本馆的文献检索体系及其使用方法，推荐各种类型的书刊资料，介绍专业书目的使用方法。

（6）咨询辅导

咨询辅导一般是读者进行的即时咨询，参考咨询人员进行个别解答。一般采取当面咨询、电话咨询、邮件咨询等方式。

2. 读者教育与培训的内容

读者教育与培训的内容包括图书馆的分布、格局、文献收藏地点及图书馆的规章制度、服务内容与形式、借阅流程等，主要培训对象一般是刚入学的新生。另外，还要让读者了解图书馆的馆藏资源，主要包括数字资源和图书文献资源。

了解数字资源，主要让读者树立起利用馆藏数字资源的意识，让读者了解到不同类型资源的特点和使用方法。此外，还应该给读者介绍一些网上免费的数字资源，如非常有名的哈佛大学公开课等。培养读者的数字资源使用习惯，是目前高校图书馆的重要任务。

了解图书文献资源，主要是了解各个阅览室的藏书类型，如何在阅览室内查找想要借阅的图书，每个阅览室的藏书特点以及热门图书与专业图书的推介等。

（八）其他服务

1. 光盘技术服务

随着计算机技术的迅速发展，光盘成为广泛使用的一种信息存储介质。光盘是一种利用激光来记录和读出信息的存储介质。光盘技术是利用光盘作为数据、文本、图像等存储介质的一门技术，是激光、现代材料、通信和计算机技术相结合的产物，具有海量存储、信息传输速度快、耐用、性能好、价格不高等优点。目前，在高校图书馆馆藏中，光盘的存储量大大提高，各种影音资料、学习光盘等储存介质逐渐增多，在书刊中附加光盘的情况也越来越多。对学生读者提供光盘服务逐渐成为高校图书馆的一项重要服务内容。高校图书馆的光盘技术服务主要是对随书光盘提供的阅览服务。

目前，高校图书馆光盘技术服务存在多种形式，比较常见的有内阅服务、外借服务和网络服务三种。

（1）内阅服务

光盘内阅服务是指光盘集中存放在电子阅览室，供借有对应配套图书的读者上机使用，一般不单独外借。这种方式有效解决了光盘丢失、损坏程度大的问题，但是对于学生读者也有不便之处。

（2）外借服务

外借服务有两种：一种是光盘外借服务，指光盘随所属图书一并借阅，即不单独处理分编光盘，同书一起借给读者。这种方式的缺点是光盘容易丢失或损坏。

另一种是书与光盘分开外借的方式，即图书与光盘统一编目，使书与光盘有相同的索书号。读者凭着索书号可去电子阅览室外借。这种方式可以避免光盘丢失。

（3）网上服务

把光盘内容压缩后放到图书馆的服务器上，书和附盘具有相同的索书号，读者通过 OPAC 或单独的光盘管理系统可以直接获取随书光盘信息，阅读光盘。网上服务使得同一张光盘可被校园网上的读者在任何时间和任何地点同时使用,实现了随书光盘资源的共享,大大提高了利用率。

2. 文献复制服务

文献复制是使作品广泛传播、使用的重要手段,是指以文献复制技术为手段,向读者提供原始文献复制品的一种服务方式。

(1)高校图书馆文献复制服务的方式

随着科学技术的发展,目前高校图书馆对传统文献主要以微缩、复印、扫描等方式提供复制服务。

随着时代的发展,各种电子读物、多媒体资料在高校图书馆馆藏所占的比例逐渐增加,数字化文献的复制服务需求量也开始上升。

数字化文献复制服务有以下几种:①视听文献复制。通过光盘刻录、磁带复录等方式提供视听文献的复制服务。②数字文献复制。通过打印、拷贝等方式提供数据库中的数字化资源复制服务。③馆藏传统文献扫描。通过图文扫描将向读者提供的原始文献以数字代码方式存储,从而可通过相关技术、设备以屏幕等方式显示出来阅读、使用,这已是绝大多数图书馆所开展的服务项目。

(2)文献复制服务的作用

①加快文献的传递速度;②提高图书资料的利用率;③有效地补充缺藏文献,可节省读者摘抄誊写资料的时间和精力;④解决图书馆因珍本不外借或复本不足而与读者之间产生的供求矛盾。

第二节　高校图书馆创新服务的提出

高校图书馆为什么要提出创新服务呢?网络上的数字信息资源、娱乐信息对学生产生的吸引力已远远超过了图书馆,即图书馆面临着巨大的挑战。

一、高校图书馆创新服务理念

高校图书馆要在服务上进行创新,首先就要对服务对象信息需求的状况进行分析,才能在此基础上对原有的服务进行创新。大学生群体的信息需求有如下特点:获取信息时求新、求快;对信息要求更加系统和广泛;信息意识相对较强,但对宏观信息环境和信息资源的了解还有欠缺;信息消费市场化;对信息需求类型不再局限于单一的文字型,而是要求有图像、声音,即包含很大信息量又生动有趣的多媒体信息。

二、高校图书馆创新服务的内容

高校图书馆利用本馆藏书满足读者需要的时代已经过去，需要进行服务上的创新。应把更多的精力放到数字资源的拓展和开发上。

（一）网络信息导航

目前，学术资源类网站之多令人眼花缭乱，读者要根据自己的需求找到所需信息资源非常不易。图书馆作为信息收藏（collection）的机构，也具有信息通道（gateway）的功能。学科信息导航服务将因特网上的结点按某些学科主题加以分类，按照方便用户的原则，引导用户到特定的地址获取所需信息。

（二）特色数据库

作为专业图书馆，建设专业特色数据库是为了较深层次地揭示本馆的特色文献资源。根据读者的需求和现存的资源优势开发专业数据库，将网络上的信息资源下载到本地数据库，不断补充到本馆的数据库中。这个工作需要经常性地由专门馆员来完成，以便为读者提供最新的服务。

（三）网络专题数据资源

面对网络上的庞大信息资源，高校图书馆应利用科学的方法组织这些信息资源，充分发挥图书馆在分类、加工、组织整理文献资源方面的专业特长，尽快地收集和筛选出对用户有价值的、有序的信息。

第七章 高校图书馆阅读推广与服务

第一节 高校图书馆阅读推广活动

一、高校图书馆阅读推广活动的必要性和意义

（一）高校图书馆阅读推广活动的必要性

1. "阅读推广"是高校图书馆工作的常态

工作在高校图书馆借阅岗位上的图书馆员，会切身体会到图书馆工作的繁杂。表面上看像一块"被遗忘"的角落，其实并不是这样。认真地进行每天的借还图书工作，时时都有新的启发。图书馆员在日复一日的借阅工作中，每天都面对渴求知识的大学生读者，馆员随时随地都在做阅读推广的工作。比如，询问读者想读什么样的书，了解读者希望图书馆采进什么种类的书，征求读者对图书馆改进的建议和要求，与读者探讨对阅读推广的看法，与读者的时时互动等，都是获得阅读推广启发的途径。不能否认，图书馆员日常工作的经验都是阅读推广的宝贵经验，即所谓"馆员工作里有哲学"。

提到图书馆员职业的工作内容，有人会认为馆员就是解答读者的有关咨询和负责借还书籍，没有一点技术含量，馆员的角色微不足道，谁都可以做，这是对图书馆员工作的一种错误认识。殊不知，每个在流通部门工作的馆员随时随地都在做着阅读推广工作，他们无时无刻不在向读者推荐好书。从全民阅读活动倡导以来，高校图书馆连年举办"读书节"，积极推广新书、好书，促进大学生阅读。国家已经全面推进"全民阅读"工程，高校图书馆阅读推广工作开始面向全社会，阅读推广活动已经发展到了一个新的高度。

2. 高校图书馆阅读推广是"正能量"推广

图书馆所有的工作，图书馆专业所有的研究，最终都要落实到为读者的阅读服务中，包括为读者提供良好的阅读环境，建设专业化的丰富馆藏资源，提供学习研究的

平台以及发挥助读性作用等。阅读推广主要是如何为读者提供丰富多彩的导读活动，图书馆工作的未来走向就是《政府工作报告》中提出的全民阅读工作，把全民阅读工作引入社会机制，创造性地开展阅读推广工作已经是未来发展的必然趋势。图书馆员必须要全身心地融入阅读推广工作中，并充分发挥自己的聪明才智，走出一条图书馆阅读推广工作的新道路。

3. 图书馆员参与社会阅读推广义不容辞

在高校图书馆阅读推广工作中，图书馆员是阅读推广工作的主体。图书馆员在做好自己馆内的阅读推广工作的前提下，必须学习其他高校图书馆阅读推广的先进经验，交流阅读推广工作成效，互相沟通与联动。阅读推广工作是图书馆一项长期而又艰巨的任务，需要图书馆员显示各自的能力，发挥各种推广阅读的作用，同时开展馆外辅助性的助读。高校图书馆的阅读推广工作不能仅仅局限在校内，应该走出校园，走向社会，走进民间，积极参与全社会的阅读推广活动。

为了充分发挥高校图书馆的社会服务功能，促进文献资源共享，各高校图书馆可以试行为社会提供一定限度的文献信息服务，在保证本校师生教学科研所需的前提下，为本市、本校周边的居民办理阅览证和借书证，试行面向社会开放服务、积极参加阅读推广的志愿者活动。发挥图书馆员在阅读推广工作中的"尖兵作用"，是图书馆员义不容辞的责任。同时，图书馆员要探索性地开展阅读推广工作，体现其积极、主动、创新的阅读推广工作态度。许多图书馆同行在阅读推广方面积累了丰富的经验，比如，中国图书馆学会阅读推广委员会和金陵图书馆主办的中国图书馆年会，展示了很多馆员的书评；在全民阅读推广研讨会上，馆员辩论异常激烈、深入，把图书馆外的阅读推广推向高潮。

（二）高校图书馆推行阅读推广活动的意义

1. 有利于学生阅读习惯的养成

高校是培养学生、教授人才的主要阵营，学生在高校开展学习活动，主要依靠的不再是家长和教师的耳提面命，而是需要学生树立自主学习意识，充分发挥自己的主观能动性，对学习计划和学习通道要进行自主的建立。高校图书馆就是提供相应服务的主要机构，学生只有在图书馆内进行必要的阅读和学习，才能够有效提升自己的知识储备能力。但是，由于应试教育结构，学生在进入高校前有效的阅读时间非常少，而且学生对于阅读没有建立清晰的认识，也缺少最基本的阅读人文性以及结构性，多数学生对阅读架构没有基本的关注，也就导致多数学生进入大学后，也没有建立起很好的阅读习惯。虽然高校设立了综合性的图书馆，但是多数学生也只是在学期考试时才会使用。学生没有良好的阅读计划，高校图书馆在基础阅读推广方面的监管力度也不足，导致整体大学学生阅读理念进入恶性循环。

2. 有利于提高大学生综合素质

高校图书馆是大学生学习的第二课堂，也是相当重要的一个课堂。开展阅读推广工作对提高大学生综合素质具有重要意义。高校图书馆在为大学生专业学习和科学研究提供文献资料和咨询服务的同时，也为大学生准备了内容丰富的阅读材料。许多大学生的阅读存在着随意性、盲目性、片段性以及功利性等特点，图书馆开展有效阅读推广工作，促进大学生的阅读生活更有针对性，也更符合个性发展。在应试教育机制的影响下，大学生将注意力更多地集中在英语四、六级考试和计算机等级考试上，缺乏对人文类材料的阅读。网络阅读的轻便性和随意性也导致大学生远离和排斥书本阅读，逐渐失去了阅读和思考的乐趣。高校图书馆开展阅读推广活动，引导大学生有兴趣地深入阅读，养成良好的阅读思考习惯，开阔视野，丰富知识储备，陶冶情操，提高大学生综合素质。

3. 有利于传承传统文化

高校具有为社会培养和输送人才的作用和职能，大学生肩负着传承优秀传统文化的使命。高校图书馆在为教学和科研工作提供信息支持的同时，也是传承优秀传统文化的重要基地。青年学生对未知世界充满好奇的同时，却忽略了对传统文化的认知和感悟。图书馆可以通过多种形式的活动吸引、感染大学生走进传统文化，认识传统文化，体会传统文化，大学生真正认识到文化传承与创新同等重要，这也是时代赋予他们的使命。

二、高校图书馆阅读推广活动的途径和方法

（一）约束式与开放式策略相结合

高校图书馆开展阅读推广可分为约束式和开放式两种策略。约束式阅读推广，是将阅读作为一类课程或技能，通过课程或能力评定的权威性，制定学分或鉴定阅读能力的方式；开放式阅读推广，是以读者群体需求目标为导向，通常以活动为载体，可以多主体参与的形式灵活、创新空间大的一系列阅读推广。

高校图书馆阅读推广与公共图书馆阅读推广最明显的不同是：阅读推广对象相对单一且具有教育教学的背景环境，所以将阅读训练按照教学学分制约束式培养，是符合教育教学规律的，比如选修学分制、阅读认证制等。约束式阅读推广策略，效果较好，不足之处是涉及的推广对象只能是有意愿的部分学生，开放式阅读推广策略可以关注全部可能的阅读对象，所以将约束式和开放式策略相结合，能够形成一张一弛的、可持续发展的长效机制。

（二）开展馆际互借

由于受到经费等各种条件的影响，单个高校图书馆的馆藏资源已经不能满足读者

多样化的信息需求和教学科研的需要，只有进行资源共建共享，开展馆际互借，才能够弥补本馆资源的不足，从而满足读者的信息需求，这也是对读者进行阅读推广的一种有效方式。馆际互借是指在两个或两个以上的图书馆之间实行的图书互借服务，互借的范围包括图书、期刊、学位论文、会议论文等图书馆馆藏文献信息。

（三）积极开展各种活动，提高高校读者的阅读兴趣

1. 开展新书样本、经典图书、畅销图书等书展活动

为了扩展读者的阅读面，满足读者的阅读需求，方便读者查询，高校图书馆可以结合新时期的阅读热点和高校读者的阅读倾向，选择相关的馆藏资源，阶段性地在图书馆大厅或书库进行新书样本、经典图书、必读书目以及畅销图书等书展活动，以此引导读者阅读，激发读者的读书热情。每次书展活动可以规定一个主题，展出一定类别的图书。

2. 图书漂流活动

图书漂流活动是一种比较自由的图书借阅形式，是一种以信息共享为目的的传递知识、传递诚信、传递和谐的知识交流活动，此活动没有严格的借阅规则，形式灵活的随机性等特点，为其增添了几分趣味性色彩，适合高校学生读者。高校图书馆可建立图书漂流站，鼓励高校师生特别是即将毕业的学生捐赠健康、有益的闲置图书，为图书漂流活动提供文献资源，制定相应的活动规则，规则的拟定应当以鼓励参与为主，每回漂一本图书可发放一个书卡进行抽奖活动，不仅能吸引更多的读者，而且可以提高图书的回漂率。

3. 举办阅读交流会、读书讲座等活动

高校图书馆与校各部门、各院系合作，定期邀请杰出校友、院系优秀学生等参加以读书协会、阅读社团牵头组织的阅读交流会，结合各自的阅读经历和体会，一起分享读书与兴趣、读书与生活等方面的经验，享受阅读的快乐，提高阅读兴趣。同时也可以定期邀请高校专家、教授、学科带头人或校外作家等开展阅读专题讲座，每个阶段的讲座内容可设置不同专题，或以推广阅读理念为主，或以阅读方法为主，或以书籍选择为主，满足高校各类读者的需求，提升其阅读品位。

（四）与时俱进推广宣传媒体

让阅读资源和读者发生联系离不开媒介，宣传是阅读推广的必需手段。阅读媒体和读者选择渠道日益多元化，导致图书馆必须综合考虑、细心研究各种媒介的宣传作用。当下，高校图书馆通常使用的媒介可分为传统媒介、多媒体和社交媒介。传统媒介包括悬挂横幅标语、张贴海报、布展等；多媒体主要有电子显示屏、报纸、电视、通识平台、网站等；社交媒介有QQ群、微博、微信等。无论是常规媒介还是社会化媒体，

高校图书馆都应该根据需求并结合自身的技术和管理水平选择几种或多种推广手段,将推广范围最大化。

值得注意的是,挖掘应用与管理能力相适应的社会化手段功能时,要避免叶公好龙式的盲目跟风,需要以深入学习和充分研究为前提,用心营造友好氛围和创新服务,才能受信于读者,形成良性循环和长效机制。

三、高校图书馆阅读推广服务的创新

(一)建立基本的组织结构

高校图书馆在建立基础的阅读管理机制时,要强化建立基本的组织结构,安排相应的读书活动,以促进学生的整体发展。相关高校管理人员要对学生进行正确的阅读引导,不仅要定期安排相应的阅读任务,还要以读书心得的形式促进学生优化阅读方式。高校图书馆的相关管理人员,可以根据高校自身的发展状况建立相应的阅读推广委员会,保证对学生的阅读体验优化进行辅助,并且教师要充分利用校园的基础环境,积极推广相应的阅读活动。对于高校的发展来说,基本的阅读推广委员会应该融合校园内相应的专业人员,组成具有一定专业素质的领导机构,集中安排相应的阅读推广活动以及创新服务形式,将整体的阅读项目作为学校发展的基础动力和物质资源。对于高校图书馆,建立阅读推广委员会能有效提升学生的基础阅读素质。

(二)创建基本的服务模式

学生对阅读产生的刻板印象,主要取决于前期的应试教育,因此,高校图书馆要建立基础的专业辅导机构,优化基本的服务模式,对学生进行正向的心理疏导,辅助学生进一步优化基本的阅读习惯养成。相关的专业人员要针对学生的阅读感受进行指导,利用基本的阅读疗法助力学生更喜欢阅读,教师也要利用基本的行为引导模式,保证学生利用良好的阅读体验进行自我能力优化提升,教师可以适当地建立相关的阅读小组,尝试性地组织相应的阅读推广活动。在基础阅读服务方面,教师要以平等的心态和学生建立良好的学习伙伴关系,更好地辅助学生进行优化阅读。最好的服务就是深入内心的服务,高校图书馆的相关管理人员,要秉持"以人为本"的理念建立更加优化的基础服务模式。

(三)创新发展图书漂流角

最早开展图书漂流活动的是德国,倡导人们将自己读过的书放置在统一的位置,别人可以自助阅读,读完之后再进行下一轮的漂流,这样做不仅能增加人们的阅读经历,也能有效建立人与人之间的信任。在高校建立图书漂流角,具有充沛的环境资源,学校可以按照相应的种类对图书进行集中分类,将相应的图书安排在相应的图书漂流角。利用创新型的服务结构和服务手段提升学生的阅读兴趣，将图书漂流角作为系列活动，吸引学生参与其中。只有建立良好的带头作用，学生才能逐渐影响其他的学生，将图书漂流角做得更加系统和规范，从根本上促进整体阅读推广和服务创新项目的开展。

（四）强化基本的推广活动

在高校图书馆内进行基本的阅读推广和服务创新，首先，要提升相关管理人员的素质。高校图书馆员要提高对于图书推广重要意义的认知，参加相应的图书推广培训，通过基本的思想意识升级，带动整个服务项目行为的创新。其次，高校管理人员可以建立面对面的交流活动，根据学校自身的发展情况和基本的资金运转能力，邀请相应的书籍作者进行面对面交流，优化学生的阅读意识和阅读体验，有效地提升学生自身的文化素养。

（五）设立基本的自助机构

大学生进入大学后，整体的学习时间几乎都由自己支配，学生的自主能力在大学期间被着重培养，高校图书馆要依据这一特征建立健全阅读推广的自助机构。管理人员要建立学生自助阅读组织，更好地辅助学生进行书籍的基础阅读，并对相应的阅读心得进行集中关注和互动。另外，高校管理层要给予图书馆必要的资金支持，辅助图书馆更好地引进相应的书籍，开展相应的活动。高校图书推广项目要鼓励学生增大阅读量和阅读范围，对于有意义和有价值的图书进行全校性的阅读推广。另外，自助机构的建立能有效提升学生的自主意识，能更好地辅助学生开展各种阅读活动。

（六）开展基本的阅读交流

高校图书馆要建立健全阅读交流机制，促进学生对自己的阅读感受和阅读体验进行良性的输出，促进学生建立互相学习的互动模式。另外，可以根据学生的阅读经历开展创新型项目，鼓励学生建立多样化的阅读交流体系，高校图书馆的相关管理人员要充分利用大学生的思想特质，建立健全相应的交流结构，辅助学生在交流中提升自身的阅读素质。在设计基础交流活动时，不需要过多的华丽设置，只要增设相应的交流场地，利用最为实际的交流体系，才能促进学生提升实质化的交流互动。

四、高校图书馆阅读推广的机制构建和优化

（一）高校图书馆阅读推广机制构建

1. 决策保障机制

高校图书馆阅读推广机制建立就是以计划的、行政的手段将各部分统一起来，做

到完善规章制度的制定,经费使用来源的确立,组织间的协调共进,内部人员的合理调配,推广人才的培养与选拔,阅读推广目标任务的确立等。还要做到统筹安排,合理规划,以科学理论和先进理念指导全校阅读推广工作的持续开展,不断提高阅读推广服务在高校图书馆业务工作中的地位和独立性。顺应时代、社会可持续发展的要求,克服在开展阅读推广过程中存在的路径依赖,勇于创新,寻求高校阅读推广新的突破和变革。

2. 沟通互动机制

沟通主要指的是信息传送与接受的行为,发送者凭借一定的渠道,把信息传递给接受者,以寻求反馈并达到相互理解的过程。沟通是阅读推广服务中重要的组成部分,高校图书馆建立沟通互动机制旨在了解读者阅读需求,掌握读者阅读特点和阅读心理,寻求读者的反馈意见。及时掌握阅读推广活动组织策划中存在的问题与不足,调整工作方案,提高服务的质量和效果,变被动为主动,消除信息不对称现象。

3. 绩效评估机制

建立绩效评估机制,首先,能够考核阅读推广主体的工作绩效,激发推广人员的积极性,提高服务质量。其次,通过行为性指标体系的衡量,能够对活动效果进行有效的评价和追踪,根据效果指标的反馈情况改进下次活动的方案。阅读推广绩效机制的建立是高校阅读推广活动逐渐走向成熟与完善的重要标志,应当运用科学的方法、标准及程序,对行为主体的和评定任务有关的绩效信息(成就、业绩和实际作为等)进行收集、观察、组织、提取、整合,并尽可能做出标准评价。

4. 联合协作机制

阅读推广联合协作机制旨在整合、盘活院校的馆藏、人才、技术,上下联动,合作开展阅读推广活动。扩大活动的受众范围,让更多的人参与到阅读推广活动中来,使阅读推广活动的开展取得最好效果。目前,高校图书馆阅读推广联盟主要有校内联盟和区域联盟。校内联盟包括与学校团委、宣传部、教务处、学生社团等联盟;区域联盟是以地域为中心建立的高校图书馆联合协作组织,目的是促进地区图书馆事业的发展,信息资源的联合共建共享及地区间高校图书馆的合作交流。图书馆阅读推广活动要取得最佳效果,既需要依靠校内的联盟,又需要依靠区域的联盟。

(二)高校图书馆阅读推广机制优化

1. 建立阅读推广主体机构,优化决策保障机制

(1)成立阅读推广委员会

要优化图书馆阅读推广机制,首先要设立图书馆阅读推广委员会,并由图书馆馆长直接领导,指派专业馆员负责管理策划,邀请学院知名学者负责指导,联系各院系热爱阅读的学生社团协助开展活动。阅读推广委员会应注重于院校的人才培养目标,

根据大学生阅读的现状，统筹安排，整体规划。制定相应的目标、任务，合理利用各种资源，最大限度发挥人的主观能动作用，定期开展活动，使阅读推广活动的开展常态化、系统化和规范化。

（2）健全阅读推广工作的各项制度

逐步优化读者反馈制度、推广阅读制度、绩效评价制度、经费使用制度、联合协作制度等，保障阅读推广各项工作有据可依，稳步推进。

（3）注重阅读推广人才的培养与选拔

阅读推广人才是决定阅读推广效果的关键因素，阅读推广委员会应定期选送阅读推广工作人员参加相关的培训学习，外出观摩交流，开阔视野，积累经验，提高其自身专业能力。并注重培养的长期性和连续性，选拔出本校的阅读推广学专家和专业人才，为高校图书馆阅读推广活动打下坚实基础。

2. 构建新型互动平台，优化沟通机制

（1）提供良好的沟通环境

图书馆员和读者的交往是非对称性的，他们之间存在着一定的心理距离，沟通容易出现障碍。因此，图书馆应营造良好的沟通环境，采取多种沟通方式，消除双方沟通障碍。在双方交流过程中，应尊重读者、关爱读者，用读者可接受的语言、语气与之交谈，拉近与读者的心理距离，让读者表达出内心意愿，达到平等交流、沟通的目的。

（2）构建新型沟通平台

利用数字网络技术建立新型沟通平台，丰富沟通方式。图书馆在沟通方式方面，既要发挥传统组织读者座谈、讨论等优势，又要充分利用QQ、邮箱、微信等现代化的信息技术，提高沟通效果，保障读者与馆员间的沟通自由。在沟通渠道方面，部门之间要优化交流制度，制订互动计划，采取传统与现代沟通方式相结合的办法，建立起分级、分层次的沟通渠道，重视馆员的参与性，将沟通方式与沟通渠道有机结合，提高沟通的效率。

（3）加大沟通力度

图书馆要利用新型沟通平台，采取上下级间的纵向沟通、平级的横向沟通与相互的双向沟通等形式，加大沟通力度，提高沟通水平。双向交流，使信息在上下级及部室成员间及时、准确、有效地传递与共享，信息畅通无阻，最终实现相互理解与相互促进的目的。

3. 注重内外部协同，优化联盟协作机制

阅读推广活动是一项集人才、资源、技术于一体的文化宣传活动，与图书馆外借阅览等传统服务相比，阅读推广活动是一种服务受益读者相对较少、服务成本相对较高的服务。仅靠一馆一校的力量是难以达成这一目标的。图书馆应寻求多方合作，做好内外部协同推广：（1）做好校内各部门协作，如图书馆各职能部门、校团委、教务处、学生团体等。做到多方参与，分工明确，相互配合，使活动的策划更具创意。（2）做好与书商、数据库商的合作，及时掌握图书界、数据库方面的变化，并做好读者的信息检索培训。（3）做好与区域高校图书馆的联盟，成立联合阅读推广专项小组，长期负责区域间的阅读推广活动。并制定适宜的规划、联盟协议、程序等，推动阅读推广活动的组织、策划与实施，促进高校图书馆阅读推广工作的深入开展。

4. 不断探索，优化绩效评估机制

绩效评估是阅读推广工作中不可或缺的一个环节，目前，高校图书馆阅读推广活动存在重形式、轻成效现象，这对阅读推广活动的深入开展会产生不利影响。我国对于阅读推广工作成效的全面评估至今仍没有科学的评估体系，需要不断探索，逐步建立针对高校图书馆阅读推广活动的评估指标和评价机制。

因此，首先，高校图书馆要根据本地区的实际情况，客观、公正、合理地制定出适宜大学生阅读推广活动的各项评估指标，并在实践中不断探索完善，用以引导阅读推广活动的深入开展。其次，在评价主体的选择上应本着全面、科学的原则，采取三级制的评价体系：（1）建立院级活动的自评组织，对每次开展的阅读推广活动制定评估指标，活动结束后，组织各部门人员对照相应的评估指标做出评价，找出存在的问题与不足。（2）建立以读者为中心的评价组织，采取问卷调查、座谈、走访等形式，从读者参与人数、读者满意度等方面做出评价。（3）建立区域联盟的评价体系，以观察访谈、专家点评、评估测验等方式评估结果，并汇总进行综合分析，得出结论，总结出活动的经验和改进的办法，为今后活动的开展提供科学的决策参考。

第二节　基于不同视角的高校图书馆阅读推广活动

一、基于微信平台的高校图书馆阅读推广活动

（一）基于微信进行阅读推广的可行性分析

1. 外部环境允许微信应用于阅读推广

随着无线网络和4G网络的普及，甚至是5G的运用和智能手机性价比的提高，当代大学生的沟通方式发生了巨大改变，越来越倾向于使用即时通信工具。

起初微信只用于通信聊天，随着版本不断完善，应用范围不断扩大。尤其是微信公众平台推出后，在教育、医疗、传媒、营销等方面都有广泛应用。当前，很多机构的服务观念发生了转变，不再是被动等待，而是主动提供。高等院校作为一个服务于

师生的非营利性组织，越来越倾向于主动提供服务，微信则为其提供了一个平台。

2. 微信用户基数大，使用成本低

微信是腾讯公司推出的一款跨应用平台、跨运营商的应用程序，支持安卓、ISO、塞班等系统，可进行文字、语音、图片、视频等多种形式即时消息的传递。微信用户基数大且增长速度快。

此外，微信与腾讯 QQ 和电话号码具有强关系性，用户可以通过 QQ 或电话号码添加好友，并与好友保持高关注、高黏性的互动。这大大促进微信用户数量增加，为图书馆阅读推广奠定了良好的基础。在微信的使用过程中，用户无须支付通信资费，只消耗少量的流量，就可进行聊天、群组讨论、朋友圈点评和阅读文章等活动。尤其是在无线网络的环境下，使用成本低的优势更得到了充分的体现。

3. 微信平台功能强大，且具有延展性

微信平台自身功能强大，除了支持文本、图片、音频、视频的即时传送，还具有群聊、摇一摇、二维码等功能，使用方便，操作简单。用户无需太多的知识文化，只要会语音能打字就能使用微信的大部分功能。随着版本的升级，该应用程序越来越人性化、智能化。

目前，微信传播消息的方式有三种：一对一的私密传递、一对多的广播发送和多对多的社区互动，既保证了信息发送的即时性和有效性，又保证了粉丝间的互动程度。在群聊过程中，信息可以上翻查看，确保所有信息传递的完整性。此外，微信平台还具有延展性，图书馆可以根据自身需求自行或者委托第三方进行微信公众账号的二次开发，搭建适合进行阅读推广的公众平台。

（二）基于微信平台阅读推广工作的建议

1. 开设专门的高校阅读微信平台

高校微信阅读平台的开设要与移动图书馆相区分，前者的主要目的是进行校园阅读推广，而后者的主要目的是实现传统图书馆部分功能的移动化和便捷化。可以预见，阅读推广平台将在很长一段时间与移动图书馆并肩同行，但设立独立而专业的高校微信阅读平台是可以期待的。

作为以阅读推广为使命的图书馆官方微信平台，应在菜单和栏目设置上加大阅读推广内容的比重，直接体现阅读推广工作。在推荐书目时应允许进入移动图书馆进行检索获取，或者直接将推荐的图书链接插入可阅读的电子书界面，以吸引大学生精读、深读整本图书，把碎片化阅读引向精读，利用移动图书馆功能实现阅读推广效果。

2. 科学设置阅读推广菜单

在对阅读推广工作进行科学分类的基础上，通过菜单和栏目的设置充分体现微信

平台的原则性与灵活性，将长期开展的无需频繁更新的阅读推广工作细分设置为菜单名称，而需要不断更新或不方便形成常态的推广形式借用信息推送栏目予以实现。例如，诺贝尔文学奖、茅盾文学奖获奖作品可以作为"好书推荐"菜单的内容，同一作家的不同图书或者围绕同一主题的不同作者的图书等可以作为"阅读专题"菜单的内容。此外，菜单设置中应避免使用"阅读推广"这样笼统的菜单名称，增设体现个性化阅读的精细化菜单，并通过 Click 菜单点击统计功能来找出读者感兴趣的菜单，进一步整合和优化。

3. 完善创新阅读推广栏目

在各类阅读推广栏目中，荐书类和专题类因更新周期较长，可固化为平台菜单，便于读者查阅；活动类、比赛类、文章推荐类以及读书类应进行有计划的规律性推送，强化推广效果，形成品牌效应。在推送比重上，应加大诗词和美文欣赏等文章推荐类信息，因为此类信息是最直观的微信阅读推广形式，一经阅读就实现了阅读推广效果。此外，还应结合自身资源特色大力开发新型的阅读推广形式，同时注意借鉴他人经验。例如，多方位增进阅读效果的"立体阅读"；扩大阅读推广参与人群并加强分享互动的"真人图书馆"；充分利用微信投票功能的"图书投票"等。

4. 丰富阅读推广信息内容呈现方式

内容为"王"，一直以来都是新媒体铁律。有学者指出，"读文"已走向了"阅图"，具有"微"特点的直观性的微视频、图像等视听资源尤其受到读者的青睐。因此，结合新媒体阅读的特点，加大图片、视频、音频等信息呈现形式，美化版面设计，恰当使用网络热词，既是增强阅读推广效果的需要，也是时代发展的潮流。此外，进一步开发微信平台新特性、新功能。例如，开发数据分析、定位、支付、游戏等功能，促进学生参与，创建学生用户在线社区圈，使微信推广成长为相对独立自主的校园阅读推广形式。

二、基于新媒介视域的高校图书馆阅读推广活动

（一）新媒介环境下阅读特征的变化

1. 阅读载体多元化，阅读方式转变，新媒介阅读发展迅猛

新媒介时代，信息资源发布呈现多元载体形态，除传统的纸质书报刊，手机、平板电脑、电子阅读器等新媒介都是阅读的新载体。人们的阅读方式不再是单一地阅读纸质读物，而是纸质阅读逐渐向电子阅读发生转变。

2. 阅读内容碎片化，阅读深度浅表化

传统媒介时代人们阅读纸质图书，一般是按顺序逐字逐句逐页翻读，呈现的是线性逐步深入的阅读状态，读者会有一个相对安静且悠长的阅读时间，思想会随着图书

内容的深入而不断推测、探究和思考。而基于新媒介的网络阅读、手机阅读等，是一种随意性的、搜索性的、浏览式的、跳跃式的阅读。网络阅读者会变得贪多，不断地点击浏览，通过搜索引擎、主题链接反复不停地转换，导致阅读变成浏览、搜索代替记忆，阅读内容"碎片化"现象严重，这种阅读方式，读者不能专心，缺乏深入的阅读体验，直至失去阅读所应有的专注与沉思的能力。

3. 阅读活动的互动性、参与性、便捷性、娱乐性成为阅读新景观

新媒介时代，由于阅读和技术融合，实现了作者和读者之间双向、互动式、自由、平等的交流。在新媒介阅读过程中，读者可以利用微博、微信等平台，进行信息的发布、交流、分享、获取，能直接参与到网络阅读或创作中去，以写评论、写日记等形式发表自己的观点，和作者或网友互动，这样的阅读方式打破了传统阅读的时空限制，加强了作者与读者之间的互动性，增强了读者的参与性，让读者有主动融入的情绪体验。

（1）便捷性是新媒介阅读最显著的特性

读者只要随身携带移动新媒介，就可以在任何时间、任何地点自由地阅读自己喜欢的内容，特别是手机，几乎成年人人手一个。手机阅读更不受地域和时间的限制，可随时随地阅读；网络的快速搜索、强大的超链接功能，使读者在阅读过程中碰到一些不认识的字、不明白的词等，通过百度、搜狗等搜索引擎，就能很快找到相应的解释，这些快速便捷的检索功能，是传统纸质阅读无法比拟的。

（2）娱乐性也是读者喜欢新媒介阅读的一个重要特性

有的数字化阅读不仅有看书的功能，还有听书的功能；有些数字化阅读还配有插图、FLASH动画、视频等，给读者带来一个图文并茂、声色共存的阅读天地。相比纸质阅读，新媒介把阅读变得形象、立体、生动，读起来趣味无穷。新媒介阅读标志着阅读进入了一个新的时代。

（二）基于新媒介的高校图书馆阅读推广策略

1. 保证图书馆阅读推广的组织性、系统性、持续性

结合图书馆内部实际情况，安排相应的管理人员进行活动规划和组织，为了保证对应管理部门存在的稳定性，可以号召在校学生、社会成员参与组织构成，在组织的内部进行选举评定、确定最终的部门成员和两到三个管理人员。民主商议合适的组织管理制度，在实践中不断总结和补充，严格执行，规范组织成员的行为。加强与其他部门、协会的联系和沟通，在活动规划和举办方式上采取多方商议、相互协作。

及时总结活动经验和教训，调查了解活动参与者的想法，完善活动举办的方式方法，要确保持续性、长期性，根据参与者的反应完善活动细节，增加其他的活动形式。像读书交流这样的活动，应该有规律、经常性举办，统计相关参与人员的阅读书目和进度，安排阅读内容相近的读者同组交流，鼓励读者和大家一起分享读书心得，这样

也达到了书目推荐和分享的效果。

2. 加强与读者的沟通交流，扩大阅读推广的影响力

读书交流会可以有效接收读者的意见和问题。此外，馆长意见反馈箱也可以继续使用，方便读者将自己的建议系统和完善地进行归纳，以建议信的方式促进图书馆阅读推广工作的完善。理解并关注人们对于电子阅读的依赖性，以合理恰当的方法纠正读者不良的阅读习惯，使读者认识阅读的本质、形成正确的阅读观。

具体来说，在平时的课堂教学中就可以倡导图书馆阅读的思想，向学生介绍良好的学习环境和氛围对于阅读的积极影响，使学生认识到知识掌握的牢固性和系统性的意义。为了适应人们对于电子媒介的应用需求，也可以在一些网络平台强调图书馆阅读的积极影响，培养读者良好的阅读品质。

3. 扩大图书馆阅读推广的范围，提高资源供给质量

保持传统的图书推荐栏、读书标语、黑板报等阅读推广方式，不断丰富宣传内容；创办图书馆杂志、周报等，鼓励大家积极投稿，参与活动；设立特色板块，对内容进行分类，积极回复读者的意见和建议，让读者认识到图书馆对于工作改进的重视，使大家对于图书馆活动更有信心；利用新媒体优势，创立适量的图书对接平台，在微信、QQ、微博等网络社交平台设置阅读接口，设立文字交流公众号，实时发布一些文字内容。

合理规划、丰富馆藏，积极了解读者意愿，对需求量大的书籍加大采购量，一些需求少的书目则可以适当控制购进量；合理安排借阅操作流程，对于量少但借阅需求高的书籍进行借阅预约，对借阅时间加以限定，保证读者可以尽早借到自己要看的书籍；电子资源进一步完善，处理好各个资源库之间的接洽，投入足够的资金，保证资源共享的便捷化，设立资源查询的多种途径，包括电脑客户端、手机客户端等快捷入口。

三、基于"互联网+"视域的高校图书馆阅读推广活动

（一）"互联网+"阅读推广的优势

1. 读者满意度提高

在信息技术的支撑下，"互联网+"阅读推广模式对读者的阅读特点和习惯了如指掌，可以做到有针对性地向读者推送个性化需要的知识资源，从而帮助读者充分利用互联网进行知识的钻研，零碎时间也能够被高效利用起来，符合现代化的快节奏生活和学习特点。

2. 读者阅读投入降低

受"互联网+"阅读推广模式影响，图书馆提供的阅读服务不再需要大量的人力和地址空间来保存知识资源，使得图书馆资源成本降低，可以为读者提供更多的低价或免费资源来阅读；同时，读者可以利用移动终端APP软件实现随时随地的阅读，

不必再浪费时间和金钱去特定的场所进行阅读。这两方面都降低了读者的阅读投入成本。

3. 阅读推广个性化强

阅读推广是面向读者提供的在线服务，需要根据读者的意愿和喜好进行知识的推送。因此，在互联网平台进行在线服务时，图书馆必须进行读者意愿调查，或者通过数据采集与分析，将读者的兴趣爱好进行总结与归纳，形成一定的兴趣群体，然后对群体进行类似知识资源的推送，保证读者兴趣的可持续性。同时，对群体中个体的社会关系网类型、学习专业特点、主攻方向和休闲阅读类别等进行归类，从而可以向读者推出个性化服务模式，结合完善的个性化服务反馈和评估，形成阅读推广的个性化特点。

4. 读者群体开发度广

读者群体开发度指的是在原有群体基础上通过阅读推广对读者关系网中的成员进行阅读开发，读者群体不断扩大的特性。在互联网模式下，图书馆通过特定的APP可以不断扩大读者群体，将社会读者纳入高校图书馆服务范畴，阅读不再有界限，保证知识的利用率全面提升。与此同时，阅读不再受时间和空间的限制，全民阅读成为可能。

5. 提高阅读推广的服务效能

将阅读推广和"互联网+"思维结合起来，可以最大限度地发挥互联网技术的优势，实现以更低的投入、更快的速度覆盖最大范围的群体。与"互联网+"结合的阅读推广可以更好地掌握读者阅读需求，能够为读者提供精准的个性化服务。

（二）基于"互联网+"的高校图书馆阅读推广策略

1. 及时更新并完善基础设施建设

在没有互联网支撑时，图书馆需要大量的空间、人力、设备才能不断保存知识资源的完整和全面，造成大量的资源浪费，而且知识利用率不高。而在"互联网+"平台下，移动阅读APP使知识的利用实现随时随地，知识的传播更快更广，给图书馆的发展注入了新的生机。所以，计算机和网络设备是图书馆新模式的基础，而且需要不断地进行设备的更新与完善，保证信息交流的快速、广泛、畅通和多元化。在这样的基础保障下，读者可以以多元化形式满足阅读需求，在移动终端实现随时随地阅读，保证个性化服务的便捷和高效。

除此之外，个性化服务中还有分享功能，可以实现阅读兴趣的分享，以移动终端为中心进行辐射式推广和扩散，给阅读开发潜在读者，实现阅读的可延续化和扩大化。而且，图书馆一方可以设置专门人员进行专业指导与阅读评价，保证知识资源的多向、高效、便捷传递和循环利用，提高图书馆的知识传播功能。

2. 提升推送内容的质量，做好网络安全管理

图书馆在互联网模式下进行阅读推广时，要将知识的代表性、全面性、关联性等进行融合，分门别类进行推送。因此，推送的知识不但要精还要全，除了文字推送，还需要配合图片、动画、视频等，使得阅读具有趣味性、观赏性和文艺性。这种对内容进行精炼的阅读推广，能够为广大读者带来全新的视觉体验，读者可以根据研究需要和阅读需要随时进行选择，使知识的利用更具个性化，从而有助于读者形成知识体系，促进其知识内涵的不断沉淀。

但是，互联网的弊端也不可忽视，图书馆管理员要加强网络空间的净化管理，保障推送、链接及分享中杜绝黄、赌、毒等社会毒瘤的侵蚀。做好网络安全管理，保障读者信息资料的安全可靠，保证图书馆资源的安全完整，给读者构建健康、绿色、安全的网络阅读环境，为图书馆互联网阅读推广的深入实施提供保障。

3. 线上、线下立体化推广

在"互联网+"的背景下，图书馆阅读推广可以实施立体化推广策略，实现线上、线下并举的阅读模式。线上，读者可以利用QQ、微信或特定APP进入图书馆线上系统，根据读者个性化服务定制或等级的不断升高来获得更高更多的阅读权限，实现知识全面性和系统性的掌握。线下，读者可以根据阅读成绩参与图书馆举办的各种阅读活动或奖励，使得图书馆资源的开发利用向前推进。线上实现专家讲座的精华传播，线下可以为读者提供面对面的交流机会，为读者创造与名家沟通的契机，实现图书馆资源的活化与深化。

4. 及时推送，保证信息的实时性

在"互联网+"平台下，阅读推广可以为读者提供即时性、全面性和实用性的知识传送服务，从而保证读者随时随地获取相关知识的最新状态。图书馆还为读者推送当前社会热点问题的跟踪报道以及研究方向的在线引导与解疑，为读者节省大量的时间进行专业研究。

此外，读者还可以及时了解当前的热点问题作为休闲娱乐，使阅读既能丰富头脑，还可以休养身心。为了确保个性化服务的精准性，图书馆可以对读者进行分类管理，有针对性地对个体推送兴趣资源，读者不必再进行相关搜索就可以全面地进行阅读。

四、基于全媒体视域的高校图书馆阅读推广活动

（一）全媒体时代的读者需求

1. 阅读形态的转变

在海量的网络信息中，高校图书馆的传统阅读媒介——纸质阅读正在逐步减少，

而数字化平台上的数字资源阅读逐渐普及开来。在高校的任何数码终端上都可以即时地获取自己所需的信息，这导致了读者阅读形态的改变。

2. 阅读互动性增强

在全媒体时代下，阅读与科技交互、融合，在互联网技术的支撑下，读者可以通过网络环境自主地评论和写作，并且参与读物的出版行为。可以说，读者不仅是单纯的信息接收者，同时还是信息的创作者，它由单一的阅读信息传播转变为双向互动式的信息收递，读者可以自主地表达自身观点。高校图书馆员则可以通过网络实现和读者之间的问题互动，这增强了高校图书馆的服务功能。

3. 阅读内容呈现泛化趋势

传统的纸质媒介呈现出线性的阅读方式，内容需要借助纸质方式加以传播。但是在新媒体的运用之下，读者可以随意地进行跳跃式阅读。基于网络资源如电子报刊、电子图书和手机文学等，可以根据自己的需求进行阅读内容的个性化链接和跳转，这使高校图书馆的阅读内容呈现泛化趋势，读者可以浏览到大量的信息，并进行个性化的阅读，但同时也凸显出读者无法深入进行阅读的缺点。

（二）全媒体视域下高校图书馆阅读推广路径

1. 高校图书馆成立专门的阅读推广服务性组织

高校图书馆可以成立专门的阅读推广委员会，对读者有针对性地进行阅读指导和服务工作，并在专家对读者的阅读心理和阅读需求进行分析的前提下，推动阅读推广实践活动的运转。学生也可以成立阅读协会、书友会以及读书沙龙等相关组织，丰富高校图书馆的阅读文化。

高校图书馆可以通过阅读疗法对读者进行阅读心理治疗，如创建图书馆阅读辅导室，配备具有高级心理咨询师资格的高级馆员，为读者推荐合适的阅读素材，进行针对性的情绪缓解和压力疏导，探索出适合其自身问题的解决路径。还可以利用电子阅览室中的心理自我测试区域，为学生提供减压的心理体验式阅读。

在高校图书馆成立经典阅读推广实践组织，开展经典文献导读和中国文化导读等活动，引导大学生阅读传统经典文化，把握传统经典文化中的精髓，让经典阅读成为高校图书馆阅读体系中的重要内容。

2. 创设特色的高校图书馆阅读推广场所

为满足读者对于热点图书的需求，高校图书馆可以创设新书样本阅览厅。在高校图书馆与图书供应商达成协议的条件下，全校师生可以自由阅读，满足师生对新出版图书的阅读需求。

高校图书馆还可以创设学生公寓阅览室。突破图书馆实体空间限制，以学生自主管理和自主选择为原则，倡导学生在学生公寓阅览室内进行阅读。将高校图书馆的知识服务融入读者的学习和生活中，使高校图书馆成为读者"家中的书房"，较大程度地延伸和拓展了图书馆的服务范围，同时也推广了阅读。

此外，还可以创设大学生心理成长阅览室，推荐有益于大学生心理成长的书籍，定期开办心理爱好者沙龙和心灵成长知识讲座，促进大学生的心理成长。

3. 创设形式多样的阅读推广实践活动

高校图书馆可以不局限于传统的借阅服务，开展丰富多样的阅读推广实践活动，具体实现途径主要为：

（1）创新多渠道阅读推广服务

高校图书馆可以按照特定主题，针对读者群体进行阅读推广，可以创办形式多样的图书节，如世界读书日、校园读书活动等。

（2）丰富阅读推广服务内容

可以开展"读书和人生"相关主题的阅读征文活动，举办各种文化展览，邀请知名学者到学校做阅读、心理成长与经典文化等方面的知识讲座。还可以将读书节颁奖仪式和学校运动会闭幕仪式相结合，实现阅读活动与高校体育活动的完美融合，大力推广和宣扬阅读。

（3）开阔学生阅读视野，举办文化展览活动

高校可以根据学生需要举办各种文化展览活动，主要包括文学、艺术和设计等内容，如学生美术作品展、学生机电设计作品展等，丰富学生的文化底蕴，激发学生的阅读热情。

第三节　高校图书馆阅读推广与服务机制的发展思考

一、高校图书馆阅读推广活动的发展趋势

（一）高校图书馆阅读推广的使命

高校图书馆除了保存人类文化遗产，满足学校主体需要，为高校教学、科研和学生服务，还要进行社会教育，满足社会大众文化欣赏、娱乐消遣和社会阅读需要。由于高等院校承担着引领社会文明的责任和义务，所以在推动社会阅读方面，必然也承担着义不容辞的义务。高校图书馆在社会阅读中的职责，概括起来就是引导、培养、指导、促进、发展国民阅读。为此，高校图书馆需要联合公共图书馆和其他相关组织、团体、社会管理部门等，不断加强校际的多元合作，共同为当地的居民提供更加完善的阅读服务。

让阅读成为人们的一种生活习惯和方式，并融入当地的生产生活中。和公共图书馆一样，高校图书馆作为全民阅读的重要场所，在开发智力资源、进行社会教育等方面，都有着不能边缘化的作用份额。因此，变革高校图书馆运作模式，创新其机能，充分发挥高校图书馆服务社会功能，不仅可以很好地为社会阅读活动服务，提高全民文化素质，而且也是建设学习型社会、推动社会主义精神文明建设的一项重要举措。

（二）高校图书馆阅读推广发展趋势

1. 更新观念，增强社会阅读服务意识

高校图书馆不能仅仅满足在校大学生的阅读需要，还要为社会阅读推广服务。因此，高校图书馆工作人员应承担推广责任和义务。要主动提高高校图书馆走出狭隘的校内服务认知，增强服务意识，推进社会阅读服务方式变革，从社会效益、经济效益和管理效益等多方面考虑，适应社会阅读需要，推进社会阅读服务方式的根本性变革，实现一些最基本的服务项目演化，从实质上推动社会阅读的深化和扩展。

2. 服务内容精品化

随着网络技术的广泛应用和电子出版物的普及，高校图书馆的信息资源得到极大丰富，图书馆文献信息资源结构发生了巨大变化，由单一的纸质资源扩展到纸质资源、电子资源并存的局面。由于信息资源的海量扩大，广大读者不再为信息获取渠道而苦恼，更多地重视信息的内容、深度和质量。

这就需要图书馆工作人员增强职业意识，主动提高服务产品质量，特别是做好优选，收集好有价值的阅读信息资料，快、全、新、精地满足客户的需要。快，是信息传递速度快，提供时间快；全，是图书馆所提供的信息资料内容多，资料齐全；新，是指阅读信息资料内容新，密切跟踪科研前沿，及时获得并加工、整理、集散新的信息，满足读者的需要；精，是信息内容精湛，为读者所求之不得，通过剔除冗余，实现阅读资料精品化。

3. 开展形式多样的阅读推广活动

随着经济发展和科技水平不断提升，高校图书馆的阅读推广方式已经不只是停留在海报宣传、折页宣传等形式，可以将网络信息技术和阅读推广活动相结合，新技术的应用丰富了阅读推广活动的形式，增强了阅读推广的影响力和号召力。阅读推广可以通过网站建设、微信公众平台等多种形式，使读者即使不走进图书馆也可以了解到图书馆相关阅读动态信息，将传统的宣传信息动态化和立体化，使读者对阅读有更为直观的了解。

除此以外，借助信息网络技术建立图书馆网上资源数据库，使读者可以不在图书馆也能参与到阅读活动中，推进数字阅读的发展。同时，阅读推广也不仅仅局限在图书阅读中，音频阅读、视频阅读等影像资料也是阅读推广的重要内容，根据不同的读

者群制定相应的阅读推广方案，提高阅读活动开展的影响力和实效力，开展多种形式的阅读推广活动，使读者参与到阅读活动中。

4. 将阅读推广作为日常工作的核心内容

高校图书馆在早期的阅读推广活动中，往往将阅读推广活动与重大节庆活动相结合，以此来提高阅读推广活动的影响力和读者参与度。阅读推广与节庆活动相结合的方式取得较好效果，目前高校图书馆的阅读推广趋向于持续化和日常化，以帮助读者培养日常阅读习惯，提升读者的阅读能力。在日常工作中，高校图书馆要增加阅读推广活动场次，丰富馆内阅读书籍类别，提高阅读服务质量，激发读者对阅读的热情。因此，阅读推广活动的日常化是高校图书馆阅读推广的必然发展趋势。

二、高校图书馆服务的发展趋势

（一）理念创新

高校图书馆服务创新和发展是由理念、制度、技术、方法等各种创新要素构成的一个复杂系统。其中，理念创新对其他方面的创新和发展都有很大的影响，对整个服务创新体系的形成与发展起着至关重要的引擎作用。服务理念是图书馆人意志品质和思想境界的集中体现，"以人为本"一直是图书馆服务理念的根本。伴随着图书馆事业的不断发展，高校图书馆的服务理念也在不断创新，在实践中体现出来的服务理念有开放服务、免费服务、便利服务、个性化服务、人性化服务、嵌入式服务、泛在化服务等。

其中，"泛在化嵌入式服务"是近年来在图书馆界比较流行的一种新的服务理念，是图书馆提高工作效率、提升服务水平、增强核心竞争力的一项有效战略。"泛在化嵌入式服务"是指在任何时间、任何空间都能够进行信息服务，其本质是将传统的"以文献为中心"的阵地式服务转变为"以用户为中心"的移动式服务，即用户的信息需求在哪里，图书馆的服务就出现在哪里。这种服务理念从根本上突破了传统服务的时空、系统、资源限制，将图书馆服务嵌入用户生活的各个方面，从根本上践行了"以人为本、用户至上"的服务理念，必将给高校图书馆服务的创新发展提供强大的动力。

（二）服务流程重组

随着社会环境的变化和服务理念的创新，高校图书馆在实践上也必须推陈出新，进一步加强以用户和服务为中心的业务布局与结构调整，进行服务流程的重组。在这个信息爆炸时代，人们的信息需求更趋向多样化、纵深化、精细化，但用户始终希望图书馆可以迅速、有效地为其提供解决问题的方案。"泛在化嵌入式服务"要求高校图书馆打破传统的"以文献为中心"的业务布局和服务流程，不仅要制定自己的服务流程，更要面向用户需求，制定"以用户为中心"的馆外嵌入式服务流程。传统高校图书馆的服务流程基本上都是线性垂直式或纵向式服务，以用户需求为中心的嵌入式服务流程不是单向的，而是双向的；不是垂直的，而是网状的。其中存在人与人、人与技术、技术与技术之间的丰富交互和无缝集成，在双向交互行为为基础上，建立以技术与服务为核心，分工合作、专业化、高效化、可持续发展的嵌入式服务模式与机制，实现高校图书馆服务流程的重组，为用户提供更人性化、更有的放矢的高质量的信息服务，是高校图书馆服务发展的必然趋势。

（三）开拓创新服务领域

近些年来，伴随着高校图书馆生存和发展遇到的各种挑战和机遇，以及服务对象的扩展和读者需求的变化，国内外学者对高校图书馆的新功能做了广泛探讨，提出了图书馆不仅是文献信息中心，还应该是信息知识加工、创新中心，学术、文化交流中心，公民学习、教育中心，应该具备数字鸿沟黏合剂、休闲娱乐等功能。所以，很多高校图书馆从内涵和外延两方面扩展丰富了自己的功能和服务。在内涵拓展中，最重要的就是增强高校图书馆的创新功能；在外延拓展方面，主要是扩展提供的服务项目和范围。二者综合起来，既有对高校图书馆物理空间的革新，又有应用新技术开发的新的服务领域。在革新物理空间方面，特别是在新馆建设中，考虑到用户需求的多样性和现代图书馆的新功能，很多高校图书馆增加了不同特色和类型的信息共享空间、特色自修室、休闲娱乐空间、展览空间等；在应用新技术拓展服务领域的方面，很多高校图书馆推出了手机图书馆以及微博、微信推送等服务，各种信息资源实现了无缝连接，参考咨询服务平台更具交互性、人性化。总而言之，伴随着信息科技的发展，高校图书馆应该不断扩大服务领域，开发新的服务项目，满足用户的多样化需求，彰显新时代图书馆的功能。

（四）提高人员队伍的能力与素质

图书馆员能力与素质的高低是衡量图书馆服务水平的重要标准。随着计算机技术、网络通信技术、云技术等高新技术的快速发展和广泛应用，信息服务的方式和手段不断更新，从根本上改变了高校图书馆传统的服务模式，并对馆员的知识结构和业务能力提出了严峻的挑战。图书馆员的角色从"信息守护者"向"信息领航员""知识管理者""信息专家"转变，这就要求馆员首先要改变自己的服务理念，树立开拓创新意识，拥有开展高水平、信息化、智能化服务所需要的知识、技能和方法，努力学习新技术、新知识，能熟练掌握和应用网络环境下各种服务的手段和方法。

与此同时，高校图书馆也应该重视对馆员的培训和关怀。一方面，要加大资金投入，充分利用高校优越的学习和深造机会，为图书馆员创造学习和交流的机会；另一方面，建立并推行图书馆员终身教育制度，形成激励机制，营造良好的学习、文化氛围，激发图书馆员的学习热情和自身潜能，打造一支能够适应高校图书馆发展需要的信息情报服务队伍，为高校图书馆服务创新发展提供基础与保障。

三、高校图书馆阅读推广服务的理性思考

（一）调整图书馆的推广理念

为读者服务永远是图书馆的主要业务，大部分的图书馆业务项目都是围绕着"服务"这一主题来展开的。在传统的服务环境下，图书馆的服务主要是一种被动服务的方式，图书馆的馆员多是"坐等读者上门"思想。在现代服务环境下，图书馆的服务手段和服务内容都有了极大的变化，信息服务的内容、信息载体的形式、信息传递的渠道等都有了极大的转变，使得图书馆的服务思想需要积极调整从而适应现代信息服务需求的变化。由此，图书馆的服务理念也需要加以调整。对于阅读推广活动而言，它不仅是图书馆举办的一种系统性活动之一，更是图书馆在资源和用户之间建立联系的重要手段，是图书馆为信息服务所构建的用户基础的一种，可以将其理解为一种新型的服务，即资源推介服务，并通过对馆员进行的素质教育使馆员具备相应的服务理念。高校图书馆的阅读推广应当融入社会的阅读推广活动中去，而不是自成体系，应当将推广活动的用户范围扩大到社区居民、社会用户，而不是仅仅局限于在校生。所以，调整推广理念尤为重要。

（二）善用学生的影响力

高校图书馆的阅读推广活动是一项需要长期开展的面向学生的信息推广和学习引导活动。在整个推广过程中，除了作为推广方的图书馆和相关协办单位需要积极作为，作为信息接收方和最终受益方的学生也需要积极融入活动中。在传统的阅读推广活动开展过程中，高校往往将注意力都集中到图书馆身上，关注图书馆所开展的活动内容、方式等，对于作为受众的学生却关注较少，导致由于活动所涉及的互动较少而使得整体效果不佳的现状。由此，应当重视学生在整个阅读推广活动中的影响力。比如，通过在前期筹划过程中积极引导学生加入，提高活动在学生中的被接受程度；中期引导学生参与活动并不断修订活动计划；后期通过向学生收集反馈信息以完善下一次阅读推广活动的方式，善用学生的影响力，使他们成为阅读推广的重要一员。

（三）建立长效机制

高校图书馆有必要制定详细、系统的阅读推广方案。比如，搭建一个在图书馆与读者、读者与读者之间可以开展阅读共享、交流阅读心得体会、探讨阅读活动形式和内容的交流平台，通过多种形式构建起来的交流平台，可以使喜爱阅读的读者找到归

属感，感受到阅读的乐趣，变"阅读"为"悦读"，从而激励读者进行更深层次的阅读。通过平台的交流互动也可以使阅读兴趣不高的读者在分享别人"悦读"感受的同时受到熏陶并逐渐提高阅读兴趣，变被动阅读为主动阅读。要确保推广活动的持续性，必须要不断完善阅读机制，让图书阅读推广活动纳入学校教育、教学工作的整体规划中，和校园文化建设、学习建设形成交相辉映的局面。

比如，在学期开始，针对不同专业和年级制定个性化、周详的阅读方案，也可以在假期制定阅读推广计划，从而使得高校图书馆阅读推广活动真正持续、系统地进行下去。努力构建图书馆、读者、合作机构等多方面的评价体系，对推广活动的方案、宣传力度、活动形式等进行总结和评估。还应该积极探索阅读推广机构在人员、经费、资源等方面的长期规划和设计，指导和协调活动的开展，给予活动主办方和参与机构在策划、宣传、评估等方面进行培训和技术支持，有效保障阅读推广活动的持续开展。通过多方面、多角度对阅读推广活动加以重视，将陆续、短期的推广活动转变为系统、长期持续的推广活动。

第八章　我国图书馆的未来发展

第一节　大数据时代高校图书馆信息服务面临的问题

人类已经进入信息社会，信息与材料、能源并称为现代社会的三大支柱。信息资源的开发利用程度成为衡量一个国家或地区文明程度的重要尺度。高校图书馆是服务于教学与科研的学术性机构，与学校中心工作休戚相关。如果我们把教学、科研工作比喻为学校的生命线，图书馆则是这条生命线的心脏起搏器。高等学校履行其"科教兴国"主力军的历史重任，要培养出具有创新精神和创新能力的高素质人才，要在知识经济大潮中散发能量，无不依赖其发掘信息、占有信息、升华信息的能力。目前，随着"金图"工程的实施，计算机技术、通信技术在图书馆中的应用以及数据库的开发，都为高校信息服务提供了难得的机遇，但也存在诸多问题。下面探讨高校信息服务中存在的问题及其相应的整改对策。

一、观念陈旧，对图书馆信息服务的功能认识不足

很多人对图书馆的概念仍然停留在传统阶段，认为图书馆只是藏书、借书、看资料和报刊的场所。尤其是绝大多数高校图书馆，往往是以"书库""书店"的形式出现在读者面前，其管理人员自身只是管理归类、编目存档的资料员，是学生借书、还书的"售货员"。实际上，图书馆信息服务是在保存和传播人类文化、进行社会教育等职能的基础上进行的。图书馆职能的本质——服务，并没有改变，只是这种服务的落脚点已转向全方位、多功能、多层次的信息服务，延伸和扩大了图书馆的职能，这使图书馆开展信息服务拥有巨大潜力。

二、馆藏资源难以满足日新月异的信息服务的要求

无论是过去还是现在，无论是中国还是外国，图书馆都属于经费相对紧张的单位。在有限的经费中，绝大部分用来精打细算选购书刊，结果也只是沧海一粟，更谈不上

有充足的资金来改造、完善图书馆的设施。面对不断膨胀的信息海洋,传统图书馆的收藏功能已越来越有限,收藏比重也越来越小,甚至有的多年来几乎没有增加新刊,无力购买外文图书,收藏的依然是一些陈旧过时的信息,已不能履行一个图书馆应有的职能。虽然大多数图书馆都已采用计算机代替手工操作,基本实现了采访、编目、流通和检索等业务自动化管理,但总的来说,仍处于集成化系统的初步实用阶段,尚未实现以网络化为龙头带动整个图书馆信息化建设,电子信息资源、可提供服务的虚拟资源仍十分不足,对现有馆藏数字化的比例不高,能够上网的资源大多还停留在馆藏书目的层面上,并且网上信息资源匮乏,大量文献资源有待开发。

三、高校图书馆信息服务方式难以适应信息时代的要求

我国的高校图书馆过去是按传统的模式,即藏书编目、陈列、借阅等程序建立起来的,随着社会发展的需要,逐步暴露出许多问题,如职能陈旧、方式单一、效率低下、服务滞后,难以满足信息时代师生对信息"快、精、深"三个方面的需求。主要表现在:信息服务往往局限于一般文献信息,对有价值的零散资料的收集、整理和利用不足,导致提供信息的实用性较差;文献信息加工生产周期过长,导致内容老化,时效性较差;文献信息大多未经深入加工,信息量大,用户查找起来既复杂又费时,导致服务的针对性较差;文献信息仅以图书馆这个单一渠道流通,信息传播的速度缓慢,导致信息交流的传导性较差。

四、图书馆员的素质难以满足信息服务的需要

图书馆员应该是信息专家和信息工程师,应该是信息系统的建设者、信息服务的向导和顾问。随着信息时代的到来,现代图书馆员的工作对象已变成了数字化信息和知识,工作工具是计算机和网络,提供的是多、深层次的服务,要求馆员对信息用户所用信息能够做到迅速地"存"进来,准确地"取"出去。然而,许多高校图书馆员素质偏低,难以适应现代社会信息服务的发展。有近70%的员工只有大专以下学历,图书馆大专以上的员工不到总数的30%。大多数图书馆员仍然充当着以馆藏文献和本校读者为对象的文献管理员和文献服务员的角色,计算机与信息资源管理专业人员奇缺。图书馆的人员素质仍然达不到能利用网络技术进行信息采集、管理和服务的要求。

五、高校图书馆在信息服务中各自为政,相互合作的意识不强

目前,高校图书馆的信息服务各自为战,众多而分散。虽各自拥有局部的信息资源优势,却无法满足教育教学需要的高质量的信息服务。随着全球性信息时代的到来,

高校为了培养高素质人才，对文献信息采集、管理和服务方面的应用更加广泛，加之高校系统 CERNET 网络的建立和 Internet 的普及，各高校原来自行开发、相对封闭的图书馆自动化管理系统越来越与信息发展不相适应。面对文献信息量剧增，文献载体多样化、文献提取、传递与利用方式的不断变化，明显地暴露出适应性、开放性差等致命弱点。同时由于各馆书目数据质量参差不齐，著录缺乏规范的标准等，即使在外部网络环境已具备的今天也难以向网上开放自己的馆藏，很难做到资源共享。这种一校一馆、分散封闭的管理模式，已经严重影响并阻碍了高校人才的培养和科研水平的提高，影响并阻碍了高校图书馆事业与世界高科技水平的接轨。

第二节 大数据时代提升高校图书馆信息服务应对策略

一、提高图书馆的服务质量的方法

随着科技的迅猛发展，人们获取所需知识和信息的途径变得自由和多样化。特别是电子技术、计算机技术和通信传输技术的发展，严重冲击着传统的信息业，尤其是图书馆业。因此，如果图书馆业继续沿用传统的服务理念和服务方式，必然会导致图书馆读者的大量流失，削弱了图书馆的服务领域，极大地影响了图书馆存在的社会意义。服务是图书馆发展的核心和工作的主体，服务水平的高低直接影响了图书馆的社会形象和图书馆事业的发展，图书馆要在新的信息传播时代中求生存求发展，就要提高服务质量，提高人员素质。如何提高图书馆的服务质量，是亟需解决的问题，就提高服务质量而言，可从以下三方面着手：

（一）树立主动服务理念，完善服务机制

传统的图书馆服务模式因为封闭的工作环境、呆板的工作程序、僵化的思维方式，使得服务手段过于落后，不能适应现代的文化需求。中小图书馆要想发展，就必须对传统的服务模式进行变革。一是变被动服务为主动服务。本着"读者至上、服务第一"的宗旨，从转变服务方式入手，积极捕捉市场信息，把握社会前进的脉搏，给读者提供更及时更合理的阅读产品，即从各种显性和隐性信息资源中，将知识提炼出来，有针对性地满足读者的需求。二是树立开放的意识。图书馆那种"坐等读者上门"的传统思想还在，使得图书的利用率很低，这是封闭式落后的服务，图书馆的资源要尽量向读者开放，最大限度地利用馆藏。三是加强图书馆服务质量监督。由上级政府相关部门委派专业人员负责图书馆服务质量的监督工作，确保服务流程的顺畅、高效，提

高图书馆服务质量。四是要健全图书馆反馈机制。可以建设图书馆自己的网站并开通馆长信箱，建立读者QQ群。实在条件有限，可以定期召开读者代表座谈会，或者在图书馆大厅或走廊处挂出读者意见簿。采取这些办法，图书馆的领导及其员工就能及时了解读者的需求，便于因地制宜，不断提高服务质量，形成适合当地读者群体的图书馆特色。

（二）树立市场意识，寻求社会资源的可利用性

社会文化资源是指社会组织机构及个人中收藏的文化典籍和文化遗产，开发和利用这些社会文化资源，尤其是对中小图书馆的建设和发展有着特殊的意义。社会资源不会主动走上门来，图书馆工作人员必须主动走出去，寻求社会资源利用的可能性。现阶段图书馆的资金来源与图书来源主要就是政府的公共财政，图书馆要积极寻求社会文化资源，吸引企业、社会组织或个人的捐助来扩大图书馆的规模，提升图书馆的蕴藏。

（三）丰富服务形式，优化服务流程

一是开展个性化推荐服务，根据不同读者的需求、年龄、文化程度、工作性质等多个方面进行正确引导。图书馆提供推荐服务，能够根据读者的兴趣爱好而主动向读者推荐图书、刊物等信息资源。二是开展丰富多彩的活动。

随着人性化服务理念和信息技术发展的不断深入，目前高校图书馆借还书服务已实现了现代化管理方式。大部分图书馆采用了门禁防盗系统及金盘图书馆集成管理系统，基本实现了"人、机、书"一体化、"借、藏、阅"结合和书目数据自动化的全开架服务管理模式。因而摆脱了以手工操作为主的借还传统服务模式，极大地提高了图书的利用效率，并节省了大量的财力、物力和人力。

但是，由于存在一些主客观的原因，在实践中这种计算机借还书的管理方式仍然存在一系列的问题。本节根据对图书馆工作的相关调查并结合图书馆的实际情况，主要探讨传统操作与自助借还书中漏借、窜借、系统条码识别等相关问题，并有针对性地提出一些建议和看法。

二、图书馆借还书服务的发展与自助式借还书系统内涵

（一）我国图书馆借还书服务的发展

很多高校的校区图书馆的借还服务一般分为三个阶段：首先是初步阶段。其主要采用统一的借阅卡能实现在各个图书馆之间相互借阅，但是不能提供异点还书服务和异点借书，而且所借阅的本馆文献资源必须在所借的馆内归还，具有一定的局限性。其次是改进阶段。这个阶段一般采用统一的借阅卡，能够在任一一家图书馆随时归还

所借阅的书籍,然而所借阅的本馆文献资源,依然不能提供异点借书。最后一个阶段是完善阶段。每个馆必须采用统一的借书卡,从而能够及时提供异点还书、异点借书的服务,实现真正意义上的借还服务。一般图书馆的借还服务主要指读者借助于网络和现场这两种服务的方式,依据有效的借阅证能够及时到图书馆任何一个分馆借阅或者能够到各个分馆进行外借图书并及时归还。借还服务主要有两点:①读者能够持有效的借阅证到图书馆的任何一个附属馆进行借书;②还书服务主要指读者能在图书馆的任何一个分馆将所借的书籍进行归还,由专门的图书馆工作人员统一将这些图书送至所属的分馆中。

(二)自助式与传统借还书服务

传统的借还书服务主要是手工操作的一种服务,而自助式借还书系统主要指读者利用机器设备可以在图书馆内自行借阅或者归还所借图书馆的图书资料,而不必经过相关馆内人员采用手工操作的一种自助服务工作系统。目前,我国一些图书馆的自助借还书系统主要有两种自动识别图书资料的模式,分别是无线射频(RFID)识别模式和条码(Barcode)识别模式。其中条码(Barcode)识别模式具有较强的适用性,可广泛适用于图书资料贴有条形码、已实行自动化管理的图书馆。而无线射频(RFID)识别模式的适用性则很差,排除RFID电子标签之外的其他标签都无法识别,只有更换标签才能使用这种模式的自助借还书系统,同时RFID电子标签的成本普遍偏高,其价格远远高于目前所普遍使用的条形码价格。在我国目前已应用自助借还书系统的图书馆中,绝大多数图书馆是使用条码识别模式,极少数图书馆使用的是无线射频识别模式。

三、传统操作与自助借还书存在的问题及分析

(一)传统操作中借还书服务出现的漏借、窜借现象

一方面,由于一些图书馆依然是手工操作,因此发生的漏借、窜借现象比自助借还服务中出现的现象还多。例如,杨芳借了3本书,但是等到她还书的时候,却意外发现自己还有三本书未还,这三本书并不是她所借,必然会发生纠纷。同时,也会出现读者还书的时候,结果发现所还的书并未在屏幕上显示其借阅的信息,因此,常会给图书馆造成一定的损失,也浪费了读者阅读的时间。另一方面,在借书高峰期的时候,由于相关工作人员的疏忽(只扫条形码,未看显示屏),容易出现借书窜借的现象。例如,某位学生刚借一本书,结果屏幕上信息依然是前一位学生的,由于工作人员未及时清除上位读者的信息,从而发生窜借现象。

（二）传统操作中借还书服务出现的漏还现象

图书馆里的书，有一部分是永久性的磁条，很难消磁，常有许多学生将其拿到借书处的时候，却因这本书不能消磁，导致要花费很多的时间才能处理，这样无疑浪费了双方的时间。还有一种情况，以某位学生为例，当时他已归还3本书，但是过了一段时间后又向图书馆借书，然而显示有两本书超期未还，需要给予相应的罚款，从而会与工作人员发生矛盾。这种情况可能由于管理人员工作上的疏忽，或者机器出现故障，导致条码未扫全，就将书本收于图书库当中。因此，在传统操作中，由于手工与机器出现故障需要引起重视。

（三）自助借还书系统的局限性

1. 拒借拒还现象

在读者借书的过程中，自助借还系统主要依据读卡器进行相关的操作，通过对读者所提供的借书证中的信息来分析其借还状态是否正常，然而针对借还状态不正常的读者，电脑则无法继续办理，同时，一旦处于借还高峰期的时候，会使图书磁场超出正常值，导致电脑借还系统无法继续读取与扫描，直接拒绝服务，从而出现拒借拒还现象。但是这种现象如果发生在开馆时间，则可以很好地解决，如果不幸发生于闭馆时间只能选择放弃。但是这种服务成本依然优于传统手工操作。

2. 难以正确识别部分读者的违规行为

现阶段的自助借还系统仅依据相关条形码和藏在图书当中的磁条磁场强弱借书，防范将许多书籍作为一册或者抽换图书等多种违规行为，针对只归还贴有条形码的书籍、调包图书内容、污损图书及磁条的图书封面等多种违规行为，如今没有有效的防范措施。但是，在人工借还书过程中，相关工作人员还是能及时发现图书被调包或者污损等突发情况，并且能够及时发现违规人员并能对相关责任人员及时进行相应的处罚或者教育，针对有违规的读者起一定的威慑作用。值得注意的是，自助还书服务对读者的违规行为的防范力度不够，小部分人常常以偷书不算偷为理由，给予借还过程中发生违规行为的读者提供机会。例如，某院馆购置了三台自助还书机器，主要用于提供自助还书服务，然而在还书过程中经常发现部分读者只归还带有条码的图书书套或者封面，这种现象绝不可能在人工借还中发生，同时，污损图书的情况也比较严重，其污损率和丢失率显著高于传统借还的图书。

3. 图书馆的工作效率显著受制于读者

自助借还服务的工作实质是将图书馆工作人员所完成的办理借还手续的工作统一由借阅的读者自行完成，读者借还操作的系统效率主要决定于读者对借还系统的了解和熟练程度。此外，自助借还的时间普遍比传统借还的时间短，速度快。相反，读者对其系统熟知程度低,则其工作效率也很低。同时,所使用的系统频率高于读者办理相关手续所花费的时间常常和工作人员为读者办理的时间几乎相同,因此,自助借还书系统的工作效率很高,但受制于读者。针对熟练程度不高的读者,容易出现失误现象,其所花费的时间也比较长,从而操作慢,出错的概率很大。通过对两种借还服务进行分析,可知自助办理图书借还手续的工作效率与读者的行为操作密不可分。

四、图书馆借还服务中问题的对策

以往借还书服务是图书管理员传统的手工操作模式,而自助借还书服务则是读者利用机器设备自行借阅或归还图书资料的服务模式。这种服务模式的转变直接把借还书的重心从馆员转移到读者身上,所以,图书馆加强对读者进行培训、宣传很有必要,同时也要有相关服务配套措施以确保借还书能顺利进行。

(一)加强读者证件的有效管理

读者个人比较容易忘记自己的密码或者丢失自己的图书借阅证,但自己的手指不可能"遗忘"或者"丢失",且人的指纹具有唯一性、不可逆性以及固定性。因此,把指纹图像变成可存储的数字信息,制作出具有指纹技术的图书借阅证就能切实解决有关借阅证的易遗忘、易磨损、易被盗及易遗失等多个缺点,从而大幅度提升了图书管理的准确率和工作效率。

(二)大力开展知识讲座与培训

组织相关人员,积极开展各种类型的图书馆知识宣讲与培训,从而更好地帮助读者获取相关网络、学科指南、原文传递、网络导航、搜索引擎、数据库评价及利用、数字参考咨询等多个方面的服务与知识,同时,经过系统的整合个性化的服务和数字化信息资源,从而帮助读者大幅度提升利用馆藏文献的技能和相关情报意识。

(三)延长服务时间和配套对应的服务措施

读者在传统手工操作借还服务模式下,只能在图书馆规定的上班时间内完成借还图书。将自助借还服务和人工服务相互比较,自助借还书服务则完全摆脱了图书馆对读者借还图书的时间限制,服务时间得到有效延长。而且自助借还系统还可以有效化解高峰期的借还问题。目前,许多图书馆在不同楼层已有多台借还系统,借还拥挤现象通常不会出现。同时,在借还高峰时间,还可以让读者灵活地选择人工服务方式,而不需要排队等待。

(四）完善管理机制和模式

各类图书馆应该进一步完善馆内工作人员的岗位责任制，以提升工作人员的综合素质水平；建立馆藏相关管理规则以及加强读者监督机制等各种制度，从而规范读者借还的行为，降低工作人员的压力；进一步增强馆内工作人员的服务意识以及借还业务技能；积极宣传爱护图书活动，大幅度提升读者的责任心，严格遵守图书馆制定的规章制度，降低不良行为的发生概率，从而构建和谐的借阅秩序，创建良好的阅读环境服务于大众。

（五）重视工作人员的责任心培养

在读者办理开架书库借还书手续的时候，图书管理员必须按照系统操作规范严格执行，切实履行馆员的岗位职责，要做到嘴、手、眼协调一致，要对每位读者始终保持认真负责的态度，切记避免因不规范操作而导致漏借、窜借或者漏还等一系列相关问题，以免给读者造成损失和麻烦。同时，也严重影响了图书馆在读者心目中的良好形象，甚至带来矛盾和纠纷。例如，有些图书馆采用的汇文管理系统借还模块，借书操作方法有两种，当办理有关借还书手续时，馆员应按照不同借书方法对不同读者进行切换。绝对不能混用两种方法而造成人为错误。另外，在办理借还书过程中，不要让其他读者把书展开放在桌面上等待，否则，由于扫描仪的扫描范围可能太大，而误将其他读者的书扫描到这名读者的名下。现阶段，我国不少自助借还书系统的价格、性能依然不尽如人意，国内的人力成本依然长期处于较低的范围内，因此，目前图书馆推广使用自助借还书系统的时机依然不成熟。如果条件允许，相关图书馆可以依据具体情况购置自助借还机器以弥补人力不足，从而大幅度提升图书流通的效率和服务水平。

第三节　图书馆信息安全管理体系的未来展望

随着图书馆信息化、数字化应用不断深入，各高校图书馆对信息安全管理体系的依赖性也越来越大，同时，随着信息化平台的集中化的趋势，局部障碍引发的影响会越来越大，破坏力不断上升，如何有效运行信息安全管理也是各级领导和专业技术人员的迫切希望。高校图书馆通过引入和消化相关标准的准备工作，建立适合于图书馆的信息安全管理体系，使得图书馆的信息安全管理是系统的而非支离破碎的，是长期的而非临时的，是标准化的而非随意性的，必将给高校图书馆的信息安全管理带来深远的影响。由于这种信息安全管理体系对高校图书馆有很大的通用性，所以高校图书馆所建立的信息安全管理体系及管理模式必将在高校图书馆的信息安全管理工作中发挥积极的示范作用，为图书馆信息安全高效运行打下坚实的基础。

虽然希望本书的努力能有助于高校信息系统安全理论体系的完善，有助于高校信息系统安全实践的开展，有助于提高高校信息系统安全保障的水平；但由于本人的能力和时间有限，高校信息系统安全涉及安全理论、安全技术、安全管理等多个方面，既重要又复杂，是一门年轻且充满生命力的学科。我们仅仅是从安全管理的角度在理论和实践中做一点小小的探索，还有许多局限，至少还有以下与本文内容有关的方面值得进一步研究和探讨。

第一，安全等级方面。保护工作中如何更好、更科学地划分系统的安全保护等级，如何更准确地对高校信息系统进行测评，以及如何对信息安全产品进行分等级管理和使用等都需要进一步地研究和探讨，特别是如何研究、开发和使用测评工具来提高测评的科学性、准确性、可信性及提高工作效率是重要的研究方向。

第二，入侵检测、病毒监测方面。如何更有效地对网站、论坛等提供信息服务的系统进行准确的监测和过滤，防止非法入侵、病毒攻击，保证信息内容的合法健康仍是研究的重点。如何规范和完善应急预案的内容，将应急联动体系和应急处置指挥中心有机地联系在一起，保证应急机制的高效有序是值得好好研究的一个课题。

第三，信息内容巡查、收集方面。如何巡查、收集传输的信息并对收集到的信息内容进行进一步的分析、分类、关联、研判，对网上的舆论重点和发展方向进行分析也是重要的研究内容。由于不良网页故意的不规范用词，所以对网页文本内容的模式匹配算法也是重要的研究内容。

第四，法律法规方面。在保障实施高校信息安全技术措施和信息安全管理措施中，如何更好地发挥法律在预防和打击网络违法犯罪活动中的作用，将现有法律法规与网络的虚拟特性相结合，除了完善现有的法律法规，特别需要制定专门的信息安全法，充分发挥法律的指引作用、评价作用、教育作用、预测作用和强制作用，维护现实社会的稳定与和谐。

而且，当今时代新技术层出不穷，新应用不断发展。大数据、云计算、物联网、移动互联网不断涌现，我们认为在这样一个时代，图书馆信息安全的未来发展有如下特征。

一、信息安全的驱动力：从合规驱动转到需求驱动

信息安全一般分为两类驱动力，即政策性驱动和需求类驱动。等级保护是一个典型的政策性驱动，从历史来看，要大于需求类驱动，但是近年来需求驱动力度越来越明显。

认为通过等级保护的评测就不会出问题显然是一种误区，国外出现大规模信用卡信息泄露的公司多数也通过了相关认证，而这些不过是促进信息安全工作的一种合规

性要求。耗费巨资的中国铁路客户服务中心网站（简称12306网站）定义为等级保护四级，也曾暴露出被黑客拖库、因机房空调问题停止服务等情况，而这两项内容都在等级保护规范中有明确的要求，因此我们认为等级保护并没有触及用户的安全需求本质。很多行业用户的需求完全超出了等级保护的泛在要求。等级保护只是最基本的要求，无法也不可能涉及用户的所有业务安全需求，结合业务的需求才是关键。

从未来看，在满足合规的基础上，用户真正的一些安全需求还有巨大的空间需要满足，用户的本质安全需求将是今后信息安全体系发展的重要市场驱动力。

二、图书馆信息安全的关注点：从"系统"到"人和数据"的转移

攻击者一定攻击有价值的层面，价值层价值在哪里，攻击才会到哪里。从未来看，黑客也好，红客也罢，人们对信息安全的关注点从早期的关注系统，发展到关注业务，当下及未来将更加关注人、关注数据。

（一）系统安全方面

从国内图书馆用户的信息安全工作来看，大部分的安全资源投入到了安全补丁、安全事件处置、漏洞扫描和评估、安全设备部署上。而这些主要集中在网络、系统层面的工作很难涉及信息安全的实质，致使很多图书馆投入了大量的资金和精力建设的信息安全系统疲于应付，安全事故依旧频发。

（二）业务安全方面

图书馆业务系统既有通用电脑基础设施，又有其特有的应用和业务流程。一般的安全防护工作大部分仅停留在系统和设备层面上，缺乏对应用和业务流程方面的全面评估和防护手段，不能及时发现漏洞，无法应对日新月异的安全威胁。一系列信息安全事故表明，传统安全管理和技术措施存在明显不足。

业务安全难以发现、难以防护，切实可行的工作方法就是落实"三同步"。将信息安全和业务进行融合，避免出现问题后才进行亡羊补牢所付出的巨大代价。我们认为，只有从业务角度进行梳理，才能发现深层次的安全隐患。业务安全问题需要信息安全专家深度了解业务知识，专家首先是业务专家然后才是信息安全专家。因此，培养专门的业务安全专家是当务之急。

信息安全的实质是攻与防的博弈，信息安全的未来投入会更多地关注"人"这个层面。人永远是信息安全最核心的要素，人的安全意识、技能是安全体系充分发挥作用的基石。尽管目前信息安全技术在识别威胁方面变得更好，但技术不可能始终将人这一要素剔除。人也是信息安全体系木桶中最重要的一块木板。网络黑客就是利用人性的弱点达到攻击业务或获取数据的目的，这应引起足够的重视。因此，人的安全意识提升至关

重要。同时，对人的安全管理也是信息安全工作中事半功倍的措施，业内集中账号管理、认证、授权与审计的效果非常好，也从另一个侧面证明了对人的管理的重要性。

此外，在数据安全方面，在大数据时代，对图书馆来说，大数据将成为关键价值资产，对数据的安全关注需要加大投入。

三、图书馆信息安全威胁的新变化：从普通攻击到"有组织"的网络战

安全威胁发展的三个阶段：早期的无意识攻击，以炫耀技术为主的阶段；目的明确就是获取利益的趋利性安全攻击阶段；为有组织的攻击、反政府的恐怖袭击等网络战阶段。网络战已不是一种概念，而是现实，比如美国国家安全局对我国著名大学有组织的网络攻击。未来的信息安全威胁主要有以下特征。

（一）对手发生变化

在新的形势下，图书馆信息安全威胁的主体在发生变化，以前的威胁主体主要是个体、小组织团体，未来的对手会是有组织的甚至是外国政府的攻击。新的对手有几个特点：网络攻击活动背景越来越复杂，攻击者拥有更多的资源，锁定精准的目标，实施精确打击，定点清除。而攻击者拥有更强的团队能力，这是过去的经验将远远不足以应对的情况。

（二）图书馆网络冲突或成常态

当今及未来的网络世界中，一些有组织的团体会继续使用网络战来尝试摧毁或破坏其攻击目标的安全系统及信息资产。针对个人和非政府类组织包括高校图书馆的攻击会越来越多，例如政治事件的拥护者以及发生冲突的少数群体成员。

（三）定向攻击将成为新攻击趋势

APT攻击时代来临，传统的蜜罐或蜜网将难以捕捉APT样本；同时一种威力更强大的新模式——"勒索软件"正在涌现。勒索软件不仅仅是欺骗受害者那么简单，它还会对受害者实施威胁与恐吓。如今，网络罪犯们使用的敲诈方式会变得越来越先进，且更具破坏性。攻击者们会使用更加专业的勒索手段来刺激受害者，并使用专业性很强的方法让受攻击对象在被入侵后很难恢复。

四、图书馆信息安全的大趋势：从传统安全走向融合开放的大安全

（一）智能化趋势

随着互联网的发展，安全问题越来越突出，以往人们对信息安全更关注防御、应

急处置能力，现如今入侵、攻击和病毒行为正向分布化、规模化、趋利化、复杂化和间接化等方向发展。因此，在图书馆网络中依靠传统孤立的采用一种安全产品或技术，部署在局部范围内，来识别和发现网络中的安全事件已经非常困难或有失准确性。因此，将来人们会更加关注以人为核心、多种现代技术为依托、科学规范的综合安全保障体系。

（二）侧重"预防"

在"大数据时代"的图书馆信息智能化安全更注重体系的安全态势预知，强调系统的"预防"能力，通过对安全海量数据的挖掘，通过数据融合、智能化深入分析和良好表现，达到医学上的"上医治未病"。

（三）产品＋服务

图书馆信息安全要经历"产品模式""服务模式""体验模式"的转变，信息安全实质提供的是知识和能力，云安全服务的出现，彻底颠覆了传统安全产业基于软硬件提供安全服务的模式。从发展趋势看，图书馆信息安全将从硬件交付、软件交付向运营化服务的过渡，依托产品＋服务，无缝契合图书馆用户的安全需求。

（四）全供应链风险

融合开放是这个时代发展的主题，尤其在云计算时代，系统融合了很多的应用和服务，开放很多的接口，图书馆系统供应链的整个安全都需要我们关注。我们很多用户对供应链，尤其是全球供应链环境的风险考虑是不足的。真正的信息安全是从一个整体系统去看它的全生命周期的安全问题，而且要考虑人的因素，同时还要考虑各方面的对手所带来的危险。比如，开源软件的可信度一直是业内的常见安全问题，中文版 Putty 等 SSH 远程管理工具被曝出存在后门，该后门会自动窃取管理员所输入的 SSH 用户名与口令，并将其发送至指定服务器上。根据分析，属于"被人动了手脚"传到网上。民无信不立，信息安全同样如此。这应引起我们的警惕。

五、技术新挑战：新计算、新网络、新应用、新数据的安全

新计算、新网络、新应用、新数据，都是今后一段时期的信息安全方向和热点，每一个方向都会对未来的应用和业务带来巨大的改变，同时也带来新的安全挑战。本节主要从以下几个方面进行概要阐述，以期对未来的热点进行涵盖和指引。

（一）新计算技术

云计算对传统计算模式和商业服务模式带来了巨大改变，但却面临极大的安全风

险，云安全也成为云计算领域的热点。云计算的虚拟化、多租户和动态性不仅加据了传统的安全问题，同时也引入了一些新的安全问题，云计算环境下的安全问题主要表现在：

第一，云计算的出现使得传统的网络边界不复存在、使得信息的所有权和管理权分离，信息资产的非授权访问成为云计算系统的重要安全问题。

第二，数据安全和隐私保护：多租户环境、虚拟技术、数据迁移等多个因素综合导致数据保护将面临更大的挑战。

第三，虚拟化运行环境安全：虚拟机隔离、监控、安全迁移及镜像文件的安全存储，以及文件存储、块存储、对象存储等云计算存储服务的安全。

第四，动态云安全服务：不同企业、不同应用存在差异化的安全需求，根据用户需求，结合移动互联网应用架构，提供动态差异化的云安全服务。

依据多年的信息安全工作经验，充分分析云计算系统的特点，总结云计算安全保障体系框架，下面从新网络技术、新应用、新数据三个维度阐述云计算安全的相关要素。

（二）新网络技术

物联网是具备全面感知、可靠传输、智能处理特征的连接物理世界的网络，实现了任何时间、任何地点与任何物体的连接，使人类可以更精细和动态地管理生产和生活，提高整个社会的信息化能力。

国家明确提出，物联网将会在智能电网、智能交通、智能物流、金融与服务业、国防军事十大领域重点部署。同时，重要篇幅阐述了"加强信息安全保障"的具体措施：一是加强物联网安全技术研发；二是建立并完善物联网安全保障体系；三是加强网络基础设施安全防护建设。

物联网的安全性非常重要，随着越来越多的计算设备嵌入汽车、手机、电视甚至医疗设备中，犯罪分子可以通过有针对性的攻击和破坏物理设备，甚至造成人员伤亡。例如，最近研究人员警告说，心脏起搏器就可能被坏人利用攻击人身安全。

物联网和安全相关的特征表现在可感知性、可传递性和可处理性。可感知性是需要物品、设备和设施的相关信息均可唯一识别，并数据化描述，最终可通过网络进行远程监控。可传递性是需要将物品信息通过各种电信网络与互联网实时准确地传递出去。可处理性是需要运用云计算、模糊识别等智能计算技术对海量信息进行智能处理。物联网中的业务认证机制和加密机制是安全上最重要的两个环节。

移动互联网是热点中的热点。手机将超越PC而成为人们的主要上网工具，随着4G网络、WLAN网络如火如荼的建设，移动互联网用户规模和网络规模都将呈现爆炸性增长。运用移动互联网访问图书馆系统也将成为主要的趋势。此处关于移动互联网的安全主要分为移动终端、网络、移动互联网应用三个层次来进行说明。

移动终端已成为移动互联网重要基础设施，成为网络的延伸、应用的载体，移动终端存储的隐私信息及蕴含的经济利益使其成为黑客首要的攻击目标。主要表现在移动恶意软件窃取隐私或收取话费及带来潜在威胁，操作系统、客户端软件漏洞导致安全风险等。从未来看，由于收益丰厚，黑色产业链会刺激病毒的发展，移动恶意软件会更加肆虐、泛滥，更加智能化，更难清除，同时综合性移动恶意软件出现，集成隐私窃取、恶意消费、系统破坏、后门等多种功能，危害会更大。现在流行将移动设备接入图书馆，这使得移动安全问题凸显出来。图书馆引入移动设备和员工携带个人设备上班的现象正在架空现行的安全体系和安全策略。有超过63%的数据泄露事故起因是移动设备，其安全性需要引起足够重视。

网络层面的主要安全挑战包括：在复杂的异构网络环境下，需要基于统一的鉴权控制体系确保用户的严格接入控制、实现可靠的行为溯源能力；随着带宽的迅猛增长和协议类型的极大丰富，需要建立更加有效的流量管控能力，包括网络、业务语义监控和安全监控机制与能力。LTE未来将成为移动互联网的IP管道，LTE需要解决的问题包括用户身份可能被泄露，从而导致用户隐私暴露。密钥无法更新，被破解的风险随时间递增。同时，安全算法受制于人，研制自主加密算法至关重要。Wi-Fi已成为全球运营商普遍关注的热点，65%的主流运营商选择WLAN网络进行业务分流。WLAN系统面临的风险包括资源耗尽风险、无AP关联认证风险、无加密的空中信息传输泄密风险、来自客户端的攻击等各类可能引发WLAN系统不可用风险、系统服务质量下降、无线频谱干扰风险、中间人攻击风险、非法广播信息风险、客户信息泄密风险等。致力改变WLAN的安全现状，确保用户的良好体验刻不容缓。

移动互联网应用安全。业务和应用是移动互联网的核心，业务及开放的平台开放性，使其面临多样的安全威胁。一是针对业务信息的威胁：不良信息（非法、有害和垃圾信息）传播、敏感信息泄露等；二是针对业务载体的威胁：植入后门木马、web攻击等；三是针对业务模式的威胁：群发广告等业务滥用、恶意订购等。

应用安全要重点对应用商店进行安全防护，对应用商店中待上线应用进行安全检测是安全工作的重中之重。

（三）新应用

电子商务主要依托Internet平台完成交易过程中双方的身份、资金等信息的传输，安全问题是电子商务的主要技术问题，亦是商家和消费者以及银行最关心的问题，主要面临以下威胁：一是信息篡改，电子的交易信息在网络传输过程中，信息可能会被人、被第三者非法篡改，导致信息失去了真实性和完整性；二是信息破坏，由于一些硬件和软件问题或者是一些恶意病毒使一些信息遭到破坏；三是身份识别，若没有身份识别，交易的一方就可以对交易内容否认或者是欺诈，或者会有第三方来冒充交易的一方；四是信息泄密，即交易双方进行交易的内容被第三方窃取或交易一方提供给另一方使用的文件被第三方非法使用。

1. 网上支付的安全

支付主要面临的安全问题包括：钓鱼网站、网购木马。主要的解决措施包括增加新的客户端识别因素、打断订单的自动生成、识别坏人等。

2. 社交网络的安全

社交网络的安全威胁会越来越大，隐私保护将成为焦点。最重要的两个因素是安全和信任，虽然可以保护个人信息不被其他应用程序用户看到，但对于受信任的朋友，你却无法保证他不会泄露你的私密资料或以此为目的来接近你，就目前的社交平台来看，安全和信任还存在相当大的问题。

根据赛门铁克分析报告预计，未来恶意软件攻击数量将呈上升趋势，主要表现为在社交网络上盗取支付凭证或诱使用户提供支付信息，及其他个人信息等具有潜在价值的信息。这可能包括递送虚假礼物的通知以及邮件信息、索取受害者的家庭住址及其他个人信息。尽管这些非财务方面的信息看似无害，但网络罪犯会将这些信息连同已有的用户其他信息一起兜售给他人，进而建立起一个有关受害者的"档案"，然后利用这些信息侵害受害者的其他账户。

（四）新数据

"大数据"一词越来越多地被提及，人们用它来描述和定义信息爆炸时代产生的海量数据，并命名与之相关的技术发展与创新。

大数据时代对人类的数据驾驭能力提出了新的挑战，也为人们获得更为深刻、全面的洞察能力提供了前所未有的空间与潜力。将数据变成有用的信息以获得洞察力将成为未来竞争的制高点。大数据在国家、社会、企业层面成为重要的战略资源，数据成为新的战略制高点，是大家抢夺的新焦点。而对图书馆来说，不可能置身于大数据之外，大数据将成为关键资产，是提升竞争力的有力武器。

但同时，大数据成为网络攻击的显著目标，在网络空间，大数据是更容易被"发现"的大目标。一方面，大数据意味着海量的数据，也意味着更复杂、更敏感的数据，这些数据会吸引更多的潜在攻击者。另一方面，数据的大量汇集，使得黑客成功攻击一次就能获得更多数据，无形中降低了黑客的进攻成本，增加了"收益率"。

数据大集中的后果是复杂多样的。数据存储在一起，很可能会出现将某些数据放在错误位置的情况，致使图书馆信息安全管理不合规。大数据的大小也影响到安全控制措施能否正确运行。安全防护手段的更新升级速度无法跟上数据量非线性增长的步伐，就会暴露大数据安全防护的漏洞。

在图书馆用数据挖掘和数据分析等大数据技术获取价值的同时，黑客也在利用这些大数据技术发起攻击。黑客会最大限度地搜集更多有用信息，比如社交网络、邮件、微博、电子商务、电话和家庭住址等信息，大数据分析使黑客的攻击更加精准。此外，大数据也为黑客发起攻击提供了更多机会。黑客利用大数据发起僵尸网络攻击，可能会同时控制上百万台傀儡机并发起攻击。

另外，大量数据的汇集不可避免地加大了用户隐私泄露的风险。一方面，数据集中存储增加了泄露风险，而这些数据不被滥用，也成为人身安全的一部分；另一方面，一些敏感数据的所有权和使用权并没有明确界定，很多基于大数据的分析都未考虑到其中涉及的个体隐私问题。

大数据处理离不开云计算技术，云计算为大数据提供弹性可扩展的基础设施、支撑环境以及数据服务的高效模式，大数据则为云计算提供了新的价值，大数据技术与云计算技术必有更完美的结合。云计算、物联网、移动互联网等新兴计算形态，既是产生大数据的地方，也是需要大数据分析方法的领域。

大数据技术为图书馆信息安全提供新支撑，也为信息安全的发展提供了新机遇。大数据正在为安全分析提供新的可能性，对于海量数据的分析有助于信息安全服务提供商更好地刻画网络异常行为，从而找出数据中的风险点。对实时安全和商务数据结合在一起的数据进行预防性分析，可识别钓鱼攻击，防止诈骗和阻止黑客入侵。网络攻击行为总会留下蛛丝马迹，这些痕迹都以数据的形式隐藏在大数据中，利用大数据技术整合计算和处理资源有助于更有针对性地应对图书馆信息安全威胁，有助于找到攻击的源头。

最后，我们认为，人永远是图书馆信息安全最核心的要素，信息安全意识最重要。图书馆信息安全本就是矛与盾的博弈，意识不到或者感知不到风险才是最大的安全风险。无论图书馆信息安全工作多么复杂，无论出现了何种新技术，只要我们每个人坚信方法总比困难多，打起十二分的精神，负起自己应担的责任，下定决心，就一定能在这个较量中不断取得胜利，使高校图书馆正常运转，实现它应有的价值。

参考文献

[1] 陈三保.新形势下图书馆服务与创新 [M].昆明：云南科技出版社，2018.

[2] 崔海英.大数据时代高校图书馆服务创新研究 [M].北京：现代出版社，2019.

[3] 党跃武.全国高校图书馆服务本科教育教学优秀创新案例 [M].成都：四川大学出版社有限责任公司，2021.

[4] 高伟.图书馆建设与阅读服务管理 [M].长春：吉林人民出版社，2021.

[5] 宫磊.高校图书馆管理与服务创新研究 [M].长春：吉林大学出版社，2020.

[6] 何津洁.高校图书馆读者服务工作拓展与创新 [M].北京：北京工业大学出版社，2018.

[7] 李静，乔菊英，江秋菊.现代图书馆管理体系与服务研究 [M].长春：吉林人民出版社，2019.

[8] 李蕾，徐莉.图书馆管理策略与阅读服务创新研究 [M].长春：吉林人民出版社，2021.

[9] 刘月学，吴凡，高音.图书馆服务与服务体系研究 [M].咸阳：西北农林科技大学出版社，2018.

[10] 倪燕.高校图书馆新技术与服务创新研究 [M].合肥：合肥工业大学出版社，2019.

[11] 庞余良，董恩娜，温颖.数字化图书馆建设与阅读服务创新 [M].长春：吉林人民出版社，2021.

[12] 任杏莉.图书馆管理与服务创新研究 [M].长春：吉林科学技术出版社，2019.10.

[13] 宋菲，张新杰，郭松竹.图书馆资源建设管理与阅读服务研究 [M].长春：吉林人民出版社，2021.

[14] 孙桂梅，刘惠兰，王显运.图书馆管理与服务创新研究 [M].北京：现代出版社，2019.

[15] 谭晓君.图书馆管理与服务创新研究 [M].天津：天津科学技术出版社，2018.

[16] 王敏，吕巧枝.图书馆服务创新与育人：基于高职院校的实践 [M].北京：中

国农业出版社，2019.

[17] 王蕴慧，张秀菊. 公共图书馆的服务体系建设与创新 [M]. 北京：中国纺织出版社，2021.

[18] 吴环伟. 图书馆文献资源建设与共享服务创新 [M]. 长春：吉林出版集团股份有限公司，2020.

[19] 徐岚. 互联网＋与图书馆 [M]. 成都：电子科技大学出版社，2018.

[20] 许昱. 高校图书馆学科化服务创新研究 [M]. 北京：现代出版社，2019.

[21] 杨灿明. 高校智慧图书馆服务创新研究 [M]. 长春：吉林科学技术出版社，2020.

[22] 杨琳. 高校图书馆管理与阅读服务模式创新 [M]. 长春：吉林人民出版社，2019.

[23] 杨启秀. 高校图书馆管理与服务创新研究 [M]. 北京：国家行政学院出版社，2018.

[24] 杨永华. 智慧时代高校图书馆服务创新与发展研究 [M]. 北京：中国原子能出版社，2020.

[25] 于芳著. 高校图书馆服务工作与采访模式创新研究 [M]. 长春：吉林出版集团股份有限公司，2018.

[26] 于红，李茂银. 高校图书馆管理与服务创新研究 [M]. 长春：吉林人民出版社，2019.

[27] 云玉芹. 新时代高校图书馆社会化服务与创新 [M]. 长春：吉林人民出版社有限责任公司，2021.

[28] 郑幸子. 高校图书馆管理与服务创新 [M]. 长春：吉林大学出版社，2018.

[29] 周静. 高校图书馆读者服务工作拓展与创新 [M]. 延吉：延边大学出版社，2022.

[30] 朱丹阳. 图书馆现代化管理与服务创新研究 [M]. 长春：吉林大学出版社，2022.

[31] 朱洪霞，姚丽娟. 现代图书馆读者服务工作创新与研究 [M]. 北京：北京燕山出版社，2022.

[32] 曹娟. 阅读推广人才专业教育探索——以西班牙两所大学合作办学为例 [J]. 图书馆论坛，2018（03）：90-94.

[33] 程焕文. 浅谈高校图书馆发展趋势 [J]. 图书馆论坛，2018（07）：58-61.

[34] 董丽娟，崔凌洁，花友萍. 我国民间阅读组织的生存与发展研究 [J]. 图书馆理论与实践，2017（01）：91-95.

[35] 冯天宇. "第三空间"视阈下的图书馆创新服务再思考 [J]. 图书馆研究与工作，

2017（12）：21-24.

[36] 郭莉. 论网络环境给图书馆带来的变革 [J]. 河南职技师院学报，2001（01）：45-48.

[37] 李红培，鄢小燕. 国内外图书馆第三空间建设进展研究 [J]. 图书馆学研究，2013（16）：16-20.

[38] 李梅. 高校图书馆空间再造的实践探索与空间服务发展趋势——以阿姆斯特丹自由高校图书馆为例 [J]. 图书馆建设，2019（02）：119-125.

[39] 刘洪. 网络环境下图书馆服务模式的演变分析 [J]. 长沙铁道学院学报（社会科学版），2007（01）：278-280.

[40] 田向阳. 图书馆数字资源整合研究 [D]. 西安：陕西师范大学，2007.

[41] 王凤艳. 网络环境下的图书馆读者服务工作方法探索 [J]. 产业与科技论坛，2020（01）：252-253.

[42] 王慧峰，崔海涛. 图书馆开放获取国内文献资源体系建设研究 [J]. 兰台世界，2015（11）：116-117.

[43] 王记敏. 浅论网络环境下图书馆的读者服务工作 [J]. 郑州牧业工程高等专科学校学报，2014（01）：77-80.

[44] 王景发. 图书馆24小时自助服务：诟病、误读和反思 [J]. 图书与情报，2015（06）：19-25.

[45] 王子舟. 论"读者资源建设"的几个理论问题 [J]. 图书馆杂志，2017（05）：4-15.

[46] 王子舟. 我国公共阅读空间的兴起与发展 [J]. 图书情报知识，2017（02）：4-12.

[47] 荀丽芳. VR阅读探析 [J]. 图书馆建设，2018（08）：94-97.

[48] 张怀涛. 阅读推广的要素分析 [J]. 晋图学刊，2015（02）：1.